***ACCESO GRATIS** a la Lectura en la Nube*

Para visualizar el libro electrónico en la nube de lectura envíe junto a su nombre y apellidos una fotografía del código de barras situado en la contraportada del libro y otra del ticket de compra a la dirección:

ebooktirant@tirant.com

En un máximo de 72 horas laborales le enviaremos el código de acceso con sus instrucciones.

LA BUENA ADMINISTRACIÓN COMO ELEMENTO ESENCIAL DEL DERECHO ADMINISTRATIVO

LA BUENA ADMINISTRACIÓN COMO ELEMENTO ESENCIAL DEL DERECHO ADMINISTRATIVO

MARÍA LIDÓN LARA ORTIZ
Profesora Permanente Laboral de Derecho Administrativo,
Universitat Jaume I

tirant lo blanch
Valencia, 2025

En caso de erratas y actualizaciones, la Editorial Tirant lo Blanch publicará la pertinente corrección en la página web www.tirant.com incorporada a la ficha del libro. En www.tirant.com dispondrá de un servicio con los textos legales básicos y sectoriales actualizados como complemento de su libro.

La presente obra ha sido sometida a la revisión de pares ciegos según el protocolo de publicación de la editorial a efectos de ofrecer el rigor y calidad correspondiente tanto en su contenido como en su forma, aplicándose los criterios específicos aprobados por la Comisión Nacional E 016 (BOE num. 286, de 26 de noviembre de 2016).

Esta publicación ha sido realizada con el apoyo económico de la Presidencia de la Generalitat. El contenido de la publicación es responsabilidad exclusiva de la Universitat Jaume I de Castelló y no representa necesariamente a la Generalitat.

Esta obra se enmarca en la actividad de la Cátedra de Transparencia Pública de la UJI, y también en la actividad del proyecto de referencia 52079/24: *Materials innovadors per a la pràctica jurídica*, de la Unitat de Formació i Innovació Educativa (UFIE-UJI).

EDITA: TIRANT LO BLANCH
C/ Artes Gráficas, 14 - 46010 - Valencia
TELFS.: 96/361 00 48 - 50
FAX: 96/369 41 51
Email: tlb@tirant.com
www.tirant.com
Librería virtual: www.tirant.es
DEPÓSITO LEGAL: V-3707-2025
ISBN: 979-13-7010-459-7

Si tiene alguna queja o sugerencia, envíenos un mail a: atencioncliente@tirant.com. En caso de no ser atendida su sugerencia, por favor, lea en www.tirant.net/index.php/empresa/politicas-de-empresa nuestro procedimiento de quejas.

Responsabilidad Social Corporativa: http://www.tirant.net/Docs/RSCTirant.pdf

Índice

A José Lara García, mi padre,
un hombre extraordinario de quien lo aprendí casi todo,
y que siempre me apoyó.

In memoriam.

Prólogo

El trabajo de María Lidón Lara Ortiz se sitúa en el contexto de las nuevas tendencias en la Administración Pública, enfocándose en el paradigma de la buena administración y destacando su relación con otros elementos estructurales, como el principio de transparencia. Este concepto, como se pone de manifiesto desde el inicio de la obra, es un elemento estructural del Derecho administrativo moderno y ha quedado ya integrado, de manera transversal, en numerosos ámbitos de la actuación pública.

En efecto, un análisis detallado de la buena administración, y de su relación con la transparencia, como fundamento de una Administración pública moderna, no es baladí en estos momentos de incertidumbre, de crisis y de nuevas exigencias al ordenamiento jurídico en general —y al ordenamiento jurídico-administrativo, en particular—, a pesar de no tratarse de nuevas realidades desconocidas. Así es, pues, por un lado, ya hace más de una década que contamos en nuestro país con una Ley estatal de Transparencia (2013) y con leyes autonómicas sobre la materia, incluso en algunas Comunidades Autónomas, como la valenciana, se han llegado a aprobar las denominadas leyes de transparencia de segunda generación —caso de la Ley 1/ 2022, de 13 de abril, de la Generalitat, de transparencia y buen gobierno de la Comunitat Valenciana. Y, por otro lado, el concepto de buena administración es también, desde principios de este siglo, reconocido en los artículos 41 y 42 de la Carta Europea de Derechos Fundamentales (2000), con una influencia determinante en su traslación a los Estados miembros. En nuestro país, ya había sido reflejado en las normas administrativas postconstitucionales este principio, así en la derogada Ley 30/1992 y en la actual Ley 39/2015 reguladoras del procedimiento administrativo común, y es, además, un término objeto de reflexión y acotamiento por parte de la jurisprudencia de nuestro Tribunal Supremo.

Otra cuestión que merece ser destacada, al hilo de esta presentación, es que tanto la transparencia como la buena administración parten de la situación central del ciudadano en su relación con los poderes públicos, especialmente con la Administración Pública, empoderando así a la sociedad, en tanto exige una administración que responda de manera eficaz y eficiente a los intereses generales, y que, a través de instrumentos como la rendición de cuentas, obligan a actuaciones públicas adecuadas, coherentes, justificadas y fiscalizadas.

No es fácil darle contenido a la exigencia de la buena administración, en contraposición con el desarrollo y singularización del principio de transparencia. De hecho, la autora avanza y constata en sus reflexiones que fijar su naturaleza jurídica resulta clave para otro aspecto, como es la protección que se le otorga. En nuestra opinión, el significado esencial de la buena administración, sea entendida como un derecho o como un principio, le otorga un valor central que hace que su reivindicación ante las distintas instancias, especialmente aquellas que tienen atribuida potestad de obligar a la Administración, sea, en el siglo XXI, un elemento intrínseco al principio democrático y al Estado de Derecho que reconoce la Constitución española y que inspira también el Derecho europeo. Su pretensión es coincidente, por tanto, con el objetivo de la transparencia administrativa.

Para finalizar, nos gustaría subrayar, como directoras de la Cátedra de Transparencia Pública de la Universitat Jaume I de Castellón, a la que María Lidón Lara Ortiz pertenece, que este trabajo, ahora convertido en monografía, se enmarca en las actividades de investigación y transferencia de dicha cátedra universitaria, evidenciando la trascendencia de la colaboración entre las instituciones políticas —en este caso, la Generalitat Valenciana— y universitarias, y la importancia de la tarea desempeñada desde la Academia en el avance del Derecho, y en la desarrollo de una sociedad que se muestra cada vez más comprometida en la consecución de objetivos y fines comunes junto con los poderes públicos, pues una ciudadanía que tiene acceso a la información y que hace efectivo su derecho a saber es imprescindible para exigir una buena administración, sinónimo de un Estado democrático maduro y de calidad, lo que implica, también, que sea transparente.

Castellón, 27 de enero de 2025

BEATRIZ TOMÁS MALLEN
Catedrática de Derecho Constitucional
MARTA OLLER RUBERT
Profesora titular de Derecho Administrativo

Directoras de la Cátedra de Transparencia Pública de la Universitat Jaume I de Castellón

Capítulo I.

Transparencia y buena administración: un binomio inseparable

Los conceptos de transparencia y de buena administración son esenciales en el Derecho administrativo moderno, el cual, en su evolución más reciente, los pone en valor como elementos estructurales del mismo, de conformidad con la idea de que el ciudadano es el eje central y razón de ser de las Administraciones públicas y de la actividad administrativa. Desde este punto de vista, ambos conceptos están relacionados, generándose entre ellos relaciones sinérgicas que, de modo simplificado suponen, por un lado, que se conciba como caso de mala administración el hecho de que una Administración pública no sea transparente, y por otro lado, quedan relacionados por el hecho de que la buena administración entraña el derecho de acceso a los documentos públicos tanto para ciudadanos, en general, como para interesados en un procedimiento concreto, aunque el tratamiento normativo sea diferente en estos dos casos, siendo el derecho de acceso a la información pública una de las modalidades de la transparencia. Adicionalmente, el ejercicio del derecho de acceso a la información pública, como manifestación de la transparencia, implica la tramitación de un procedimiento administrativo especial que, a su vez, debe ajustarse a los parámetros generales de la buena administración, incluyendo una serie de elementos y principios jurídico-administrativos que exceden de la mera transparencia, aunque también la implican.

Todo ello genera la necesidad de que sea analizado el elemento de la buena administración, destacando su relación con la transparencia administrativa, y ubicando a esta en el lugar que le corresponde sistemáticamente al desentrañar el derecho a la buena administración. Con ello, se evidencia la relevancia que tiene en la actualidad el derecho a la buena administración desde el punto de vista normativo, y cómo la transparencia sirve para alcanzarla, al mismo tiempo que queda patente que un procedimiento de acceso a la información pública tramitado con absoluto cumplimiento de los requerimientos de buena administración, permite alcanzar con eficacia la transparencia que tal derecho de acceso pretende.

La relación entre transparencia y buena administración se ha puesto de relieve en los textos internacionales. Así, la Carta Iberoamericana de los derechos y deberes del ciudadano en relación con la Administración pública de 2013, en su capítulo III, número 38, incluye la transparencia como derecho derivado de la buena administración. La Carta de Derechos Fundamentales de la Unión Europea, redactada en el año 2000, se refiere al derecho de acceso a los documentos públicos en su artículo 42 de forma independiente al derecho a la buena administración, y al regular éste último en el artículo 41 recoge, como parte de la buena administración, el derecho a acceder al expediente administrativo, lo que no deja de ser una manifestación especial de la transparencia administrativa, aplicable al interesado de un procedimiento concreto, como derecho adicional al que le incumbe como ciudadano y que refiere el artículo 42 de la misma.

En España, la Sentencia del Tribunal Supremo de 4 de noviembre de 2021 destacó que «el principio de buena administración tiene una base constitucional y legal indiscutible. Podemos distinguir dos manifestaciones del mismo, por un lado constituye un deber y exigencia a la propia Administración que debe guiar su actuación bajo los parámetros referidos, entre los que se encuentra la diligencia y la actividad temporánea; por otro, un derecho del administrado, que como tal puede hacerse valer ante la Administración en defensa de sus intereses y que respecto de la falta de diligencia o inactividad administrativa se refleja no ya solo en la interdicción de la inactividad que se deriva de la legislación nacional, arts. 9 y 103 de la CE y 3 de la Ley 39/2015, –aunque expresamente no se mencione este principio de buena administración–», sino también en textos internacionales. La misma sentencia, declara que existe «con base en la normativa antes citada, un deber administrativo a la diligencia debida, y un correlativo derecho de los ciudadanos a la proscripción de la inactividad administrativa. Es consustancial al principio de buena administración la diligencia en el actuar de la Administración y el desarrollo y resolución en tiempo razonable y proporcionado. Cuando existe una inactividad administrativa objetiva, injustificada y desproporcionada, se está conculcando el derecho del ciudadano a la buena administración; derecho real y efectivo que debe ser garantizado y que, en su caso, debe ampararse por los Tribunales de Justicia cuando controla la referida inactivad administrativa». Para lograr todo ello, es imprescindible disponer del mecanismo de la transparencia, pues sólo si se conoce toda la información concurrente para fundamentar y motivar una decisión administrativa, se puede realizar un control democrático sobre si esa diligencia debida ha concurrido, valorando los principios que la forman.

Sin embargo, las primeras normas que se aprobaron para regular la transparencia, la ponían en relación con el buen gobierno, pero no se referían a la buena administración. Realmente, estos dos conceptos se han diferenciado por la doctrina científica[1], de modo que se refieren a dos cuestiones afines pero diferentes: el buen gobierno se refiere a la buena gobernanza en el sentido de buen diseño de políticas públicas y buenas decisiones a nivel de dirección de las Administraciones públicas y, por su parte, el concepto de buena administración es un concepto complejo, que requiere un análisis más profundo,

---

[1] En este sentido, ZAMBONINO PULITO, M., *Buen gobierno y buena administración. Cuestiones claves,* Iustel, Madrid, 2019, 271 pp.

que tiene implicaciones de índole jurídica, ya que implica la observancia de la legalidad y de la debida diligencia por parte de las Administraciones públicas, en los términos expuestos, y con implicaciones que se tratarán en la presente obra. En ambos casos, la relación con la transparencia es clara, esta sirve para la consecución del buen gobierno y de la buena administración. Adicionalmente, la buena administración entraña una forma de proceder con transparencia, pero también sirve para alcanzar un mayor grado de transparencia, pues al actuar desde los parámetros de la buena administración, la transparencia se retroalimenta.

A pesar de esta estrecha relación entre transparencia y buena administración, la Ley 19/2013, de 9 de diciembre, de transparencia, acceso a la información pública y buen gobierno, no contiene ninguna referencia a la buena administración. En el ámbito autonómico puso en relación ambos conceptos, la Ley 4/2011, de 31 de marzo, de la buena administración y del buen gobierno de las Islas Baleares, que dedicó su capítulo II a la «Transparencia en la gestión» pública, incluyendo en el mismo la regulación del derecho de acceso a la información pública. Del mismo modo, su artículo 3.d) considera principio regulador de la buena administración y del buen gobierno a la transparencia, prescribiendo que el ejercicio de la gestión pública debe incluir la transparencia, tanto en la adopción de decisiones -ámbito propio del buen gobierno- como en el desarrollo de la actividad pública -ámbito referido a la buena administración-. Por su parte la legislación de la Comunidad Valenciana ha evolucionado hacia el reconocimiento de la relación entre transparencia y buena administración, ya que, la actualmente derogada Ley 2/2015, de 2 de abril, de Transparencia, Buen Gobierno y Participación Ciudadana de la Comunidad Valenciana tan sólo se refirió a la buena administración para indicar, en su Preámbulo, que el artículo 9.1 del Estatuto de

Autonomía de la Comunidad Valenciana[2] contempla la posible regulación autonómica de la buena administración y el acceso a los documentos de las instituciones y administraciones públicas valencianas[3], pero no se refirió a la buena administración en su regulación. Posteriormente, la Ley 1/2022, de 13 de abril, de Transparencia y Buen Gobierno de la Comunitat Valenciana se refirió a la buena administración en mayor medida, lo que supone una evolución hacia su puesta en valor como objetivo de la transparencia, y como principio esencial del Derecho administrativo actual, aunque tampoco la reguló.

Precisamente, porque no se regula de forma íntegra y unitaria, se plantea la necesidad de hacer un análisis estructurado de la buena administración, destacando aquellos puntos de contacto de este concepto con el de transparencia, especialmente, en la modalidad de acceso a los documentos públicos, ya que este derecho de acceso a la información pública forma parte del elenco de derechos embebidos en la buena administración. Esto permite conocer la relación sinérgica de ambos conceptos y cómo ambos, conjuntamente, permiten facilitar el ejercicio de derechos a la ciudadanía, y garantizar la posición

---

2 Debe ser señalado que los Estatutos de Autonomía de primera generación no incluyeron referencias al principio de buena administración, y que posteriormente, algunos de ellos, tras ser reformados, sí recogieron referencia al mismo, muy probablemente debido a que son posteriores a la Carta de Derechos Fundamentales de la Unión Europea, alineándose a lo previsto en ella. En este sentido destacan los Estatutos autonómicos de la Comunidad Valenciana (que lo recoge en su artículo, artículo 9), el de Cataluña (que se refiere al mismo en su artículo 30), el de Illes Balears (que lo recoge en su artículo 14), el de Andalucía (que se refiere al mismo en su artículo 31), el de Castilla y León (que lo recoge en el artículo 12) y el de Canarias (que lo prevé en su artículo 32).

3 Preámbulo de la Ley 2/2015, de 2 de abril, de Transparencia, Buen Gobierno y Participación Ciudadana de la Comunidad Valenciana, número II.

jurídica del ciudadano frente al poder público. Por su parte, de la Ley 1/2022, de Transparencia y Buen Gobierno de la Comunitat Valenciana se desprende que la buena administración queda integrada en el concepto de buen gobierno, cuando en su artículo 2, número 14, define al buen gobierno como «los principios, obligaciones y reglas para la mejora de la calidad en los servicios y el funcionamiento de la administración y los principios éticos y de actuación de acuerdo con los cuales deben actuar las autoridades y el personal al servicio de la administración para que esta funcione con transparencia, eficacia, eficiencia, calidad y equidad, garantizando la rendición de cuentas y la buena administración».

Así pues, la relación entre estos conceptos es clara, pero parece necesario determinar el concepto y la extensión de la buena administración, así como los medios para lograrla de forma efectiva, ya que ello sirve para valorar si la transparencia concurrente en esa toma de decisiones públicas y en su ejecución o actividad pública es la debida al considerarla en relación con los parámetros de la buena administración. Es decir, al caracterizar la buena administración, como finalidad perseguida por la transparencia, podremos verificar si se ha sido suficientemente transparente en cada caso concreto, valorándolo por su utilidad para garantizar la buena administración en ese caso determinado. Más concretamente, desde la perspectiva de la buena administración se debe evaluar si se ha cumplido con el deber de motivar las decisiones administrativas suficientemente, y para controlar si ese deber de motivación ha sido cumplido debidamente, se debe poder llegar a conocer el análisis jurídico contenido al motivar, así como todos los elementos que se han valorado al decidir y que forman parte del expediente administrativo, y que se consideran información pública por aplicación del artículo 13 de la Ley 19/2013, de 9 de diciembre, de transparencia, acceso a la información pública y buen gobierno[4], y preceptos concordantes en las normativa autonómica. En este sentido, son numerosas las sentencias del Tribunal Supremo que vinculan el deber de motivar con la buena administración, y la transparencia relativa a los elementos de juicio que se han valorado para adoptar tal decisión motivada, siendo un mecanismo esencial para lograr la interdicción de los poderes públicos que prescribe el artículo 9.3 de la Constitución. Por ejemplo, la Sentencia del Tribunal Supremo (Sala de lo Contencioso-administrativo) de 15 de octubre de 2010 destacó que el deber de motivar «se enmarca en el deber de la Administración de servir con objetividad los intereses generales y de actuar con sumisión llena a la Ley y al Derecho que impone el artículo 103 de la Constitución, se traduce en la exigencia que los actos administrativos contengan una referencia precisa y concreta de los hechos y de los fundamentos de derecho que para el órgano administrativo que dicta la resolución han sido relevantes, que permita conocer al administrado la razón fáctica y jurídica de la decisión administrativa, posibilitando el control judicial por la tribunales del contencioso-administrativo. El deber de la Administración de motivar sus decisiones es consecuencia de los principios de seguridad jurídica y de interdicción de la arbitrariedad de los poderes públicos, que se garantizan en el artículo 9.3 de la Constitución; y puede considerarse como una exigencia constitucional que se deriva del artículo 103, al consagrar el principio de legalidad de la actuación administrativa (...). El deber de motivación de las Administraciones Públicas se conecta con el derecho de los ciudadanos a una buena administración, que es consustancial a las tradiciones constitucionales comunes de

---

4 Conforme al mismo es información pública todos los contenidos o documentos, cualquiera que sea su formato o soporte, que obren en poder de alguno de los sujetos incluidos en el ámbito de aplicación de este título y que hayan sido elaborados o adquiridos en el ejercicio de sus funciones.

los Estados Miembros de la Unión Europea, recogidas en el artículo 41 de la Carta de los Derechos Fundamentales de la Unión Europea, proclamada por el Consejo de Niza de 8/10 de diciembre de 2000, al enunciar que este derecho incluye en particular la obligación que incumbe a la Administración de motivar sus decisiones».

Con ello, se pretende garantizar el control sobre la posible arbitrariedad administrativa, el cual, sólo será posible si existe transparencia para verificar si la motivación es suficiente, adecuada, y correcta desde el punto de vista del razonamiento jurídico que incluye. Por ello, partiendo de los parámetros de la buena administración se podrá concluir si la transparencia aplicada es la debida en cada caso, analizando si se ha dado acceso a toda la información pública necesaria utilizada en la actividad administrativa, al motivar las decisiones adoptadas, permitiendo el control de los fundamentos del acto, y del interés general que debe guiar cada actuación administrativa, para así controlar si las decisiones y actuaciones administrativas han sido arbitrarias. A la vista de todo ello, se puede indicar que, para que exista buena administración, es esencial que las Administraciones públicas actúen con transparencia, pero su trascendencia realmente se comprende, cuando se analiza en profundidad la buena administración.

Capítulo II.

Concepto y relevancia actual de la buena administración

El concepto de buena administración ha ganado relevancia desde inicios de siglo XXI, hasta configurarse como un elemento del Derecho administrativo cuya naturaleza jurídica y alcance está discutida, pero cuya presencia en la práctica jurídico-administrativa ha incrementado su protagonismo de un modo que es aconsejable reflexionar sobre su concreta caracterización, naturaleza jurídica, efectos, así como sobre su trascendencia para el Derecho administrativo moderno donde puede concebirse como un elemento estructural. Por ello, se debe analizar su relevancia actual a efectos de lograr, a través de este elemento y de las vías jurídicas que lo garantizan, una actividad administrativa basada en la integridad y el servicio al ciudadano, estableciendo las bases del actuar de todas las Administraciones públicas. Esta evolución e ingente incremento de su relevancia dentro de la disciplina administrativa no es predicable únicamente de la buena administración, sino también de otros elementos de igual carácter esencial para el Derecho administrativo moderno, como lo es la transparencia administrativa, y otros principios e instrumentos que permiten al ciudadano empoderarse frente a las Administraciones públicas y recuperar, así, la esencia de la democracia. En este contexto, situamos, por ejemplo, al principio de confianza legítima o los mecanismos antifraude para fiscalizar la gestión pública. Estos elementos modifican la posición del ciudadano frente a las Administraciones públicas, lo empoderan, y son esenciales en el Derecho Administrativo actual. Considerando todo ello, el ciudadano debe ser concebido como la piedra angular a partir de la que se construye el Derecho administrativo moderno, de ahí que la buena administración deba ser un elemento estructural del Derecho administrativo del siglo XXI, y en esencia, la buena administración es un estándar de calidad administrativa.

En relación con su naturaleza jurídica, ya que ella redunda en los mecanismos de defensa que le son inherentes, se debe dirimir si realmente este elemento es un derecho fundamental, un derecho subjetivo o un principio jurídico-administrativo, pues son estas las categorías en las que se trata de encuadrar este elemento, pero cada una de estas categorías lleva aparejado un conjunto de garantías y unas vías de protección de diferente consideración y relevancia. La premisa de la que partiremos es que este es un concepto versátil que puede ser cualquiera de las categorías indicadas, con diferente alcance y significación jurídica, pero que se ha desarrollado hasta el punto de poder ser calificado como un elemento estructural del Derecho administrativo moderno, multifacético, y polivalente, cuyo contenido, naturaleza jurídica y efectos dependen de la situación y contexto jurídico en el que se aplique.

Inicialmente, la buena administración se ha definido como «aquella que cumple con las funciones que le son propias en democracia. Es decir, una Administración Pública que sirva a la ciudadanía, que realice su trabajo con racionalidad, justificando sus actuaciones y que se oriente continuamente al interés general. Un interés general que en el Estado social y democrático de Derecho reside en la mejora permanente e integral de las condiciones de vida de las personas»[5]. Realmente, lo fundamental del concepto de buena administración es la idea subyacente de reconocimiento de la mayor relevancia del ciudadano en sus relaciones con la Administración, hasta poderse llegar a concebir como la piedra angular del estatuto jurídico del ciu-

---

5 RODRIGUEZ-ARANA MUÑOZ, J., *El buen gobierno y la buena administración de instituciones públicas,* Thomson Reuters-Aranzadi, Cizur Menor, 2006.

dadano ante el poder público. Su relevancia ha sido reconocida por la doctrina científica, precisamente, por implicar, con todas sus consecuencias, «la centralidad de la persona en el régimen jurídico de la Administración pública»[6].

La buena administración ha ido ganando protagonismo desde el inicio del siglo XXI, y no en vano se ha señalado de este elemento que es medio para consolidar y promover, en lo jurídico, los mejores valores y prácticas en el servicio a los intereses generales y las personas; y es vía para garantizar y promover los derechos de los ciudadanos, frente al funcionamiento administrativo[7].

La buena administración pública se define en la Carta Iberoamericana de Derechos y Deberes de los ciudadanos ante la Administración pública de 2013 como «una obligación inherente a los Poderes Públicos en cuya virtud el quehacer público debe promover los derechos fundamentales de las personas fomentando la dignidad humana de forma que las actuaciones administrativas armonicen criterios de objetividad, imparcialidad, justicia y equidad, y sean prestadas en plazo razonable»[8]. En este concepto se aprecian claramente dos cuestiones clave: la primera, que el elemento "buena administración" tiene cierto carácter instrumental para promover los derechos fundamentales del ser humano, lo que permite que en esos aspectos, la buena administración pueda ser objeto de defensa por la vía

---

6 RODRIGUEZ-ARANA MUÑOZ, J., "El derecho fundamental de la persona a la buena administración (principios y derechos integrantes)", *Revista Electrónica de Derecho Administrativo Venezolano* Nº 11/2017, p. 318.

7 MATILLA CORREA, A., *La buena administración como noción jurídico-administrativa*, Dykinson, Madrid, 2020, p. 20.

8 Preámbulo de la Carta Iberoamericana de Derechos y Deberes de los ciudadanos ante la Administración Publica de 2013. Consultada el 9 de octubre de 2021 en: https://clad.org/declaraciones-y-consensos/

de amparo o ante el Tribunal Europeo de Derechos Humanos (en adelante, TEDH), aunque concretada a la infracción de los aspectos de la buena administración que se conectan con tales derechos; la segunda, que tiene un contenido de índole jurídica y que aglutina el reconocimiento de una serie de principios y garantías que protegen al ciudadano frente al poder público, y son el contrapunto de la autotutela que permite equilibrar la posición del ciudadano frente a aquel.

En el primero de los sentidos, cabe destacar que, si bien el Convenio Europeo de Derechos Humanos de 1950 no la menciona expresamente[9], diversas sentencias del TEDH sí se refieren a la buena administración como límite a la actividad de los poderes públicos, lo que tiene estrecha relación con las posibilidades del control de los excesos que en ese ámbito pudieran realizarse por las autoridades públicas. A modo de ejemplo, la Sentencia del Tribunal Europeo de Derechos Humanos (en adelante, STEDH), dictada en el caso Öneryildiz contra Turquía, de 30 de noviembre de 2004, determina que aunque «el ejercicio de la discrecionalidad administrativa incluya una multitud de factores locales inherentes en la elección, implementación de políticas públicas» ello «no significa que las autoridades puedan legítimamente apoyarse sólo en su margen de apreciación, el cual de ningún modo les dispensa de su deber de actuar» conforme a principios de buen comportamiento público.

Respecto a los derechos fundamentales para el ser humano, a cuyo servicio encontramos la buena administración, cabe

---

9 PONCE SOLÉ, J., "Los jueces, el derecho a una buena administración y las leyes de transparencia y buen gobierno", Documento presentado en el *VII Congreso Internacional en Gobierno, Administración y Políticas Públicas GIGAPP*, Madrid, España, del 3 al 5 de octubre de 2016. Disponible en https://laadministracionaldia.inap.es/noticia.asp?id=1507021

decir, que no deberíamos identificar ese concepto «derechos fundamentales» con aquellos reconocidos como tales dada su constitucionalización, sino que deben quedar incluidos los que sean esenciales para el ser humano, como compromiso de servicio al ciudadano, adoptando una acepción impropia desde el punto de vista jurídico de ese término «fundamentales», pero totalmente admisible, desde el punto de vista semántico. Dado el carácter instrumental del concepto de buena administración, y las posibilidades de ser concebida como instrumento para la defensa de otros derechos que reciben, a menudo, menor protección jurídica, como los denominados derechos sociales, al aplicar los parámetros de la buena administración se logra superar la identificación de los derechos fundamentales con los estrictamente fundamentales en sentido técnico jurídico, para identificar «fundamentales» con «esenciales», y así realizar una interpretación más extensa de lo que debe ser fundamental para el ciudadano. Esta interpretación extensiva encuentra su fundamento en la idea de responsabilidad social de las Administraciones públicas y se alinea con la tendencia actual por la que todas las Administraciones públicas incorporan valores y mecanismos para ser socialmente responsables y dar cumplimiento a la Agenda 2030, a través de una mayor consecución de los Objetivos de Desarrollo Sostenible (en adelante, ODS), definidos por Naciones Unidas en el año 2015. En este sentido, y desde el punto de vista de la gobernanza sostenible que viene representada por algunos de los valores de la Agenda 2030, la buena administración se enmarca como objetivo del ODS-16, relativo a la Paz, Justicia e Instituciones Sólidas, pero sirve, al mismo tiempo, como instrumento para alcanzar los demás ODS. Lo mismo puede indicarse, de otros elementos estructurales del Derecho administrativo, como la transparencia que, al ser un instrumento de control democrático[10], facilita el fortalecimiento y la integridad institucional.

La asimilación de la buena administración y de la transparencia en el ámbito de la responsabilidad social de las Administraciones Públicas, permite admitir la interpretación expansiva de la acción de la buena administración, superando así las limitaciones legales que vienen dificultando la mayor protección de los derechos sociales por las vías judicial y de amparo constitucional, pero que en ningún caso, deberían quedar excluidas de la acción de fomento y promoción de las Administraciones públicas al ser favorables para el ciudadano, y siempre que no existan otros derechos de carácter fundamental –utilizando aquí el concepto en sentido propio- que resulten vulnerados por ello. Así, se puede predicar de aquellos derechos, al menos, una protección de los aspectos formales de su reconocimiento, es decir, de los que se identifican con las garantías que la buena administración reconoce, y que la transparencia también pretende proteger.

La conexión del concepto de buena administración con el Estado social y democrático de Derecho es inevitable, dado que la misma presupone que en la configuración del poder público existen ciertas limitaciones derivadas de la necesidad de racionalizar el ejercicio del poder[11], habiendo dotado al sistema jurídico administrativo de controles que eviten las inmunidades

---

[10] GONZÁLEZ-JULIANA, A., "La transparencia como instrumento de control ciudadano sobre las funciones administrativas ejercidas por particulares en Cataluña", *Revista digital de Derecho Administrativo*, Universidad Externado de Colombia, n.º 32, 2024, p. 149. doi: https:// doi.org/10.18601/21452946.n32.07.

[11] RODRIGUEZ-ARANA MUÑOZ, J., "El derecho a la buena administración en las relaciones entre ciudadanos y administración pública", *AFDUC* 16, 2012, p. 251.

de poder[12], y donde se considere que el titular de los intereses generales que se gestionan con objetividad es la ciudadanía, siendo la Administración un mero gestor de tales intereses[13]. Ello realmente es la piedra angular del Derecho administrativo, porque el concepto de interés general constituye el fundamento y límite de la soberanía, como centro neurálgico del Derecho Público[14]. Precisamente, la doctrina científica actual concibe como rasgo del Derecho administrativo moderno «la consideración central de la persona y de una concepción abierta y complementaria del interés general»[15]. En este sentido, los ciudadanos ya no son «sujetos inertes que reciben, única y exclusivamente, bienes y servicios públicos del poder. Ahora, por mor de su inserción en el Estado social y democrático de Derecho, se convierten en actores principales de la definición y evaluación de las diferentes políticas públicas»[16].

Además, se ha diferenciado la mala administración negligente, que conlleva gastos públicos ineficientes e ineficaces, y la mala administración dolosa, que supone utilizar las potestades administrativas para el beneficio privado, en detrimento de

---

12 GARCÍA DE ENTERRÍA, E., *Democracia, Ley e inmunidades de poder*, Ed. Aranzadi, Cizur Menor, 2011.

13 RODRIGUEZ-ARANA MUÑOZ, J., "El derecho a la buena administración en las relaciones entre ciudadanos y administración pública", op. cit., p. 253.

14 RODRIGUEZ-ARANA MUÑOZ, J., "El derecho a la buena administración en las relaciones entre ciudadanos y administración pública", op. cit., p. 256.

15 RODRIGUEZ-ARANA MUÑOZ, J., "El derecho fundamental de la persona a la buena administración (principios y derechos integrantes)", *Revista Electrónica de Derecho Administrativo Venezolano* N° 11/2017, p. 287.

16 Íbidem.

derechos sociales y económicos básicos para la ciudadanía[17]. Su tratamiento jurídico es diferente, siendo más difícil el control de la primera que de la segunda, ya que, al venir referido ese comportamiento de mala administración, generalmente, a situaciones en que los interesados se encuentran mucho más individualizados, su control puede evidenciarse mejor identificando el incumplimiento de cualquiera de los derechos y garantías que incluye la buena administración. Es decir, está claro que las conductas identificables con la mala administración ya de por sí deben quedar excluidas del concepto y contenido de la buena administración, pero el ámbito de este último concepto es mucho más extenso, como veremos. Precisamente, el Defensor del Pueblo europeo en su *Informe anual de actividades 1997* consideró que «Se produce mala administración cuando un organismo público no obra de conformidad con las normas o principios a que ha de atenerse obligatoriamente»[18]. Es en este último aspecto, el de la «obligatoriedad», donde están los límites de la mala administración, consecuencia de un incumplimiento por parte de las Administraciones públicas de aquello a lo que vienen obligadas y se les puede exigir a través de los cauces formales, quedando entonces un ámbito por definir, donde se puede incluir todo lo que sin ser obligatorio y exigible a una Administración pública, pone de manifiesto unos estándares de mejor calidad administrativa, esto es de buena administración, concepto que excede del mero cumplimiento normativo, y por tanto, de aquello a lo que obliga el principio de legalidad. Esta interpretación

---

17 PONCE SOLE, J., "Mecanismos de resolución alternativa de conflictos y su aplicación en el ámbito de la administración tributaria", en LÓPEZ RAMÓN, F. (dir.) *Las vías administrativas de recurso a debate: actas del XI Congreso de la Asociación Española de Profesores de Derecho Administrativo*, INAP, Madrid, 2016, p. 224.

18 DEFENSOR DEL PUEBLO EUROPEO, *Informe anual de actividades 1997* del Defensor del Pueblo europeo, C4-0270/98, de 20 de abril de 1998, p. 25.

extensiva es, precisamente, la que parece deducirse de la Carta Iberoamericana de Derechos y Deberes de los ciudadanos ante la Administración Pública de 2013, de la que España es Estado firmante, y que concibe a la buena administración como eje del estatuto del ciudadano frente a la Administración pública[19].

Por su parte, en el Derecho de la Unión Europea, el principio de buena administración se ha considerado un derecho fundamental, pero también es un principio que asume una doble función: por un lado, es un mecanismo de garantía de los administrados frente al poder público, al igual que ocurre en el derecho iberoamericano, pero, por otro lado, es también un «canon uniforme de razonabilidad de las medidas de articulación del interés general objetivo»[20]. De hecho, las primeras sentencias del Tribunal Supremo español, referentes a la buena administración, lo consideraron como principio aplicable a la contratación administrativa, ya que en este ámbito la legislación española tradicionalmente hacía, y hace, alusión a los principios de buena administración como inspiradores de la

---

19 Centro Latinoamericano de Administración para el Desarrollo, CLAD (2013). *Carta Iberoamericana de Derechos y Deberes de los ciudadanos ante la Administración Publica,* 2013, Preámbulo, p. 3 in fine. La Carta fue aprobada por el Consejo Directivo del CLAD en reunión presencial-virtual celebrada desde Caracas el 10 de octubre de 2013. En cumplimiento del mandato recibido por la XV Conferencia Iberoamericana de Ministras y Ministros de Administración Pública y Reforma del Estado Ciudad de Panamá, Panamá, 27 y 28 de junio de 2013. Adoptada por la XXIII Cumbre Iberoamericana de Jefes de Estado y de Gobierno Ciudad de Panamá, Panamá 18 y 19 de octubre de 2013.

20 MELLADO RUIZ, L. (2008). Principio de buena administración y aplicación indirecta del Derecho Comunitario: instrumentos de garantía frente a la "comunitarización" de los procedimientos. *Revista española de derecho europeo,* Nº. 27, p. 302.

actividad contractual pública[21]. Es el caso, por ejemplo, de la STS de 11 de junio de 2001, que no sólo anuló la adjudicación de un contrato público, con alusión a los principios de buena administración, sino que incluso condenó a la Administración a adjudicar el contrato a una concreta empresa. También, podemos citar la STS de 3 de mayo de 2007[22], que anuló un contrato de compraventa de varias parcelas realizada por un Ayuntamiento en base a la ausencia de una ponderación adecuada del precio a pagar por la Administración, por suponer esto una vulneración de los «principios de buena administración».

Por todo ello, si hay un elemento esencial en el Derecho Administrativo actual, éste es la buena administración, cuyo carácter no es univoco. Su relevancia dentro de esta disciplina merece una reflexión acerca de su naturaleza jurídica, su contenido y la posibilidad de su control por diversas vías, especialmente por la vía judicial ya que, precisamente, la complejidad conceptual que le es predicable y su naturaleza multifacética condicionarán las posibilidades de control de su cumplimiento.

Antes de abordar estos aspectos de la misma, debemos clarificar que el concepto de la buena administración no es nuevo[23], aunque su relevancia actual sí es una característica del Derecho administrativo del siglo XXI[24]; tampoco lo es como elenco de derechos que, con anterioridad a su auge actual, ya

---

21 Así, por ejemplo, en las SSTS, Sala de lo Contencioso-administrativo, de 13 de febrero de 2001 y de 11 de junio de 2001.

22 STS, Sala de lo Contencioso-administrativo, de 3 de mayo de 2007 (RJ2007\8351)

23 Sobre su relevancia desde los inicios de la democracia en relación con el buen gobierno, vid. PONCE SOLÉ, J., "La discrecionalidad no puede ser arbitrariedad y debe ser buena administración", *Revista española de derecho administrativo,* N° 175, 2016, pp. 57-84.

24 CASSESE, S., "Il diritto a la buona amministrazione", *European Review of Public Law,* Vol. 21, N° 3, otoño, 2009, p. 1037

eran bien conocidos, y regulados en el ordenamiento jurídico administrativo español. También en el ordenamiento jurídico de la Unión Europea, su esencia y algunos de los derechos que incluye eran conocidos anteriormente a la inclusión del derecho fundamental a la buena administración, como derecho autónomo, en la Carta de Derechos Fundamentales de la Unión Europea, ya que su configuración inicial parte de la Recomendación número R(80)2, adoptada por el Comité de Ministros del Consejo de Europa el 11 de marzo de 1980 relativa al ejercicio de poderes discrecionales por las autoridades administrativas, así como de la jurisprudencia del Tribunal de Justicia de las Comunidades Europeas y del Tribunal de Primera Instancia[25]. Sin embargo, la adquisición de su mayor relevancia y el desarrollo del concepto como elemento autónomo, se ha producido en las últimas dos décadas. Puede decirse que, desde el inicio del siglo XXI, este concepto se ha consolidado y ha evolucionado hacia lo que es ahora: un concepto esencial y estructural del Derecho Administrativo contemporáneo.

En esta evolución ha sido determinante la influencia del Derecho de la Unión Europea, puesto que la caracterización del mismo como derecho fundamental del ciudadano procede y se regula en la Carta de Derechos Fundamentales de la Unión Europea (en adelante, CDFUE). Ese carácter fundamental, aunque limitado, se adquirió desde que la CDFUE fue elevada a la categoría de Tratado, y por tanto, alcanzó la consideración de Derecho originario de la Unión Europea con el Tratado de Lisboa, lo que implica efecto directo y primacía sobre los ordenamientos jurídicos de los Estados miembros en lo que sean contradictorios con el Derecho de la Unión Europea. De hecho, en la Unión Europea, el derecho a una buena

---

25 RODRIGUEZ-ARANA MUÑOZ, J., "El derecho a la buena administración en las relaciones entre ciudadanos y administración pública", *AFDUC* 16, 2012, p. 262.

administración se había incluido anteriormente en la «parte dogmática» de la frustrada Constitución europea firmada el 29 de octubre de 2004 (concretamente, en el artículo II-101), habiéndose considerado, por ello, que en aquel momento incidía en la perspectiva del Derecho constitucional de «las tradiciones constitucionales comunes a los Estados miembros», aludido en el artículo 6.2 del Tratado de la Unión Europea (TUE), y en el entonces emergente Derecho constitucional europeo[26]. Sin embargo, la Constitución Europea no fue ratificada por todos los Estados miembros, perdiendo su pretendida virtualidad, de modo que el referente europeo que realmente incide en los Estados miembros es la CDFUE proclamada originariamente el 7 de diciembre de 2000 en Niza, pero que al no llegar a entrar en vigor la Constitución Europea, fue objeto de revisión y nuevamente objeto de proclamación al firmarse el Tratado de Lisboa de 13 de diciembre de 2007, que entró en vigor el 1 de diciembre de 2009, convirtiéndose, en ese momento, en vinculante para los Estados miembros, como derecho fundamental, en los términos que resultan de la misma Carta.

Ese concepto que aglutina una serie de derechos y principios esenciales del Derecho Administrativo, en un momento embrionario, ya hacía referencia, precisamente, a las garantías que el ordenamiento jurídico reconoce al ciudadano en sus relaciones con las Administraciones públicas, especialmente en la tramitación de los procedimientos administrativos. En este sentido, puede considerarse un auténtico estatuto del ciudadano frente a cualquier Administración, como reflejo de las mismas bases de los Estados democráticos más evolucionados, que actúa como contrapeso a favor del ciudadano frente al poder público. Este es el motivo por el que su relevancia es máxi-

---

26 TOMÁS MALLÉN, B., *El derecho fundamental a una buena administración,* Instituto Nacional de Administración Pública (INAP), Madrid, 2004, 343 pp., p. 31.

ma dentro del Derecho administrativo, y por ello, no puede concebirse como una mera institución jurídica dentro de esta disciplina, sino que entronca con su base misma para luego extenderse en toda la actividad administrativa a modo de garantías ciudadanas, además de ser un principio guía o inspirador de tal actividad.

Así, con independencia de su contenido específico según la naturaleza que se le atribuya, lo cierto es que se puede ofrecer una idea conceptual que englobe todo su contenido, y que viene a identificarse con la diligencia debida de las Administraciones públicas en el ejercicio de su actividad. Así resulta de la Sentencia del Tribunal Supremo, Sala Tercera de lo Contencioso-administrativo de 5 de diciembre de 2017[27], cuando identifica con esta idea el concepto de buena administración, al declarar que a las Administraciones públicas les es exigible «una conducta lo suficientemente diligente como para evitar posibles disfunciones derivadas de su actuación, por así exigirlo el principio de buena administración que no se detiene en la mera observancia estricta de procedimiento y trámites, sino que más allá, reclama la plena efectividad de garantías y derechos reconocidos legal y constitucionalmente», y añade, «Del derecho a una buena Administración pública derivan una serie de derechos de los ciudadanos con plasmación efectiva, no es una mera fórmula vacía de contenido, sino que se impone a las Administraciones públicas de suerte que a dichos derechos sigue un correlativo elenco de deberes a estas exigibles, entre los que se encuentran, desde luego, el derecho a la tutela administrativa efectiva», a partir de esta idea, en el caso referido en esta sentencia, que evaluó la tramitación realizada o no en plazo razonable, se consideró que la dilación no razonable y despro-

---

[27] Sentencia del Tribunal Supremo, Sala Tercera de lo Contencioso-administrativo de 5 de diciembre de 2017, rec. 1727/2016, fundamento jurídico cuarto (ES:TS :2017:4499).

porcionada en la remisión del expediente para ejecución de una resolución estimatoria, no puede resultar jurídicamente neutral sino que deberán extraerse de ello las consecuencias jurídicas que correspondan y sean derivadas de tal forma de actuar, que se concibió por el Tribunal Supremo como contraria a la buena administración.

Con la finalidad de ofrecer una visión holística de su naturaleza jurídica, de su concepto y de su extensión, además de las vías que permiten el control de su cumplimiento, el presente trabajo analiza el concepto, fundamento y origen de la buena administración; también la naturaleza jurídica de la buena administración, respecto de lo que se anticipa que la misma no es unívoca; por ello, se analiza igualmente el contenido actual de la buena administración en relación con todas las facetas del concepto; adicionalmente, se hace referencia a las vías de defensa para lograr la efectividad de la buena administración; y finalmente, se exponen las ideas conclusivas más relevantes del presente trabajo.

Capítulo III.

La naturaleza jurídica de la buena administración como cuestión determinante de su protección

I. LA BUENA ADMINISTRACIÓN COMO DERECHO FUNDAMENTAL Y SU CONSIDERACIÓN COMO DERECHO HUMANO

La buena administración es un derecho fundamental en el Derecho de la Unión Europea cuando se está aplicando su propio Derecho, emanado de sus Instituciones, y tanto si se aplica por las mismas Instituciones europeas, como si se aplica por las autoridades de los Estados miembros, pues así se desprende del artículo 51 de la CDFUE. Su inclusión con carácter de derecho fundamental ha sido novedosa, siendo precursora la Unión Europea, a la que ha seguido, aunque con menor fuerza jurídica, la Carta Iberoamericana de Derechos y Deberes de los ciudadanos ante la Administración pública de 2013.

El derecho a la buena administración no está incluido como Derecho Humano en la Declaración Universal de Derechos Humanos del año 1948, efectuada durante la tercera Asamblea General de las Naciones Unidas, ya que es este un derecho de reciente configuración, y los allí contenidos se pueden identificar con lo que consideramos Derechos Humanos esenciales o básicos, para muchos coincidentes con los derechos fundamentales de primera generación, que se incluyeron en las Constituciones inicialmente.

Sin embargo, no existe una completa desconexión de la buena administración con el concepto de Derechos Humanos y, de hecho, de reiterada jurisprudencia del Tribunal Constitucional (por todas, la STC 25/2019, de 25 de febrero), se desprende que «la doctrina del Tribunal Europeo de Derechos Humanos, (...), de acuerdo con el artículo 10.2 CE, proporciona criterios interpretativos para la aplicación de los preceptos constitucionales que reconocen derechos fundamentales», y que están relacionados con la buena administración, como veremos. Más concretamente, en numerosas ocasiones el TEDH se ha pronunciado sobre el derecho a una buena administración, en el ámbito del poder judicial, o buena administración de justicia que, como parte de los poderes públicos debe también acogerse a un mismo parámetro de buena administración, pero que, además, al ser el ámbito donde se controla un previo procedimiento administrativo, su vinculación con el derecho a la tutela judicial efectiva frente a las Administraciones públicas, entronca en la esfera fundamental de los derechos de los interesados, que sí se concibe como derecho susceptible de protección ante los el Tribunal Europeo de Derechos Humanos. Por su parte, la STEDH (Sección Segunda), de 17 de marzo de 2020, en el asunto EDATA-TRANS S.R.L. c. Moldavia, se refirió a la necesidad de la observancia de la proporcionalidad de las actuaciones de la Administración tributaria –actuante en ese caso-, y de forma similar, se refirió a ello en otros pronunciamientos, como el del "Bulves" AD c. Bulgaria, de 22 de enero de 2009, y el recaído en el asunto Euromak Metal Doo c. ex República Yugoslava de Macedonia, de 14 de junio de 2018.

La referencia a los Derechos Humanos es conveniente, y nos permite clarificar la trascendencia del concepto de buena administración, ya que parte del contenido integrado en el concepto de buena administración, sí se incluye separadamente en algunos Derechos Humanos, sin embargo, no se reconoció en 1948 con carácter autónomo, como un elemento de trascendencia jurídica que tiene entidad propia. Los Derechos

Humanos contenidos en la Declaración Universal de 1948 son el núcleo duro de los Derechos Humanos, siendo, además, soporte de otros derechos fundamentales que se han reconocido posteriormente como derechos de segunda y tercera generación, y fueron decisivos en su evolución posterior. En los sistemas jurídicos más evolucionados se menciona, incluso, una cuarta generación de Derechos Humanos[28]. La Corte Europea de Derechos Humanos y la Corte Internacional de Derechos Humanos aplican los conceptos de Derechos Humanos y de derechos fundamentales como intercambiables[29], o sinónimos. En el plano doctrinal la intercambiabilidad de la locución no está plenamente aceptada, así mientras algunos sí aplican la denominación Derechos Humanos y derechos fundamentales de forma indistinta[30], otros no consideran que la expresión sea completamente equivalente. En este sentido, algunos autores consideran que los derechos fundamentales serían sólo aquellos Derechos Humanos garantizados por el orden jurídico positivo, en la mayor parte de su normativa constitucional y que suelen estar tutelados de modo reforzado[31]. Otros autores consideran que son Derechos Humanos únicamente los que

---

28 BUSTAMANTE DOMAS, J., "Hacia la cuarta generación de Derechos Humanos: repensando la condición humana en la sociedad tecnológica", en *Revista Interamericana de Ciencia, Tecnología, Sociedad e Innovación, Año 2001, Número 1. Dedicado a: La sociedad de la información,* editado por la Organización de Estados Iberoamericanos para la Educación, la Ciencia y la Cultura, OEI, 2001, p. 1.

29 AGUILAR CAVALLO, G., "Derechos Fundamentales-Derechos Humanos. ¿Una distinción válida en el siglo XXI?, en *Boletín Mexicano de Derecho Comparado, número 127,* 2010, pp. 62 y 63.

30 MARTÍN-RETORTILLO BAQUER, L., *Vías concurrentes para la protección de los derechos humanos,* editado por Thomson Reuters-Civitas, Navarra, 2006, p. 47.

31 AGUILAR CAVALLO, G., "Derechos Fundamentales-Derechos Humanos. ¿Una distinción válida en el siglo XXI?, en *Boletín Mexicano de Derecho Comparado, número 127,* 2010, p. 24, con cita a PÉREZ

reciben esta denominación a nivel internacional[32], por lo que quedarían reducidos a los que se incluyen en la Declaración de Derechos Humanos de 1948, sean o no coincidentes con los derechos fundamentales comúnmente aceptados por los ordenamientos jurídicos de la mayoría de naciones.

El modo en que se perfila la identidad entre derechos fundamentales y Derechos Humanos es relevante porque ello podría significar, en su evolución futura, que se llegue a concebir el derecho a la buena administración, como un Derecho Humano. A pesar de su distinto tratamiento jurídico normativo, la diferencia entre los Derechos Humanos y los derechos fundamentales cuando se trata de los de primera generación está plenamente desdibujada, porque efectivamente, aquellos están positivizados en la generalidad de países, y por eso son conceptos intercambiables porque, efectivamente, teniendo en cuenta los derechos incluidos en ambas categorías, estos derechos son identificables con ambas clases de derechos. Esto, sin embargo, los derechos fundamentales de segunda y tercera generación son desarrollo de los de primera generación, y la ampliación de su espectro es consecuencia de la evolución de la sociedad y del Derecho. La circunstancia de no estar positivizados en todos los casos, o del hecho de que aunque estén positivizados no gocen de la protección cualificada que se reconoce a los derechos fundamentales de primera generación, dificulta la extensión del concepto de Derecho Humano a aquellos que son derechos no protegidos con carácter fundamental en la generalidad de Estados, ya que en algunos casos sí se les

---

LUÑO, A.E., *Los derechos fundamentales*, editado por Tecnos, Madrid, 2005, p. 46.

32 RUBIO LLORENTE, F., "Derechos fundamentales, derechos humanos y estado de derecho", en REQUEJO PAGÉS, J.L. (coord.) *Fundamentos: Cuadernos monográficos de teoría del estado, derecho público e historia constitucional, Ejemplar dedicado a: La Rebelión de las Leyes*, 2006, p. 229.

reconoce como fundamentales y en otros se tratan como derechos subjetivos, o incluso, como derechos sociales o civiles. Como consecuencia de su diferente calificación, se les dispensa diversa protección jurídica en cada ordenamiento jurídico.

El reconocimiento del derecho a la buena administración como derecho fundamental es consecuencia de la evolución de los sistemas jurídicos, y en la actualidad, se ha puesto en valor la posición del ciudadano frente a las Administraciones públicas normativamente, con tal reconocimiento. En los últimos años, los Estados miembros de la Unión Europea han incorporado a sus ordenamientos jurídicos este derecho del ciudadano tras su reconocimiento en la CDFUE. Su integración en los derechos nacionales de los Estados miembros no tiene, sin embargo, este rango fundamental en todos los casos. Ya que sólo tendrá este carácter cuando las autoridades e instituciones de los Estados miembros, estén aplicando Derecho de la Unión Europea, y en otro caso, dependerá de la configuración interna que el Derecho nacional le dé a este derecho. Por ello, cuando se aplica derecho nacional, su caracterización es diferente.

Como consecuencia de ello, se considera principio aplicable en los ordenamientos jurídicos de los Estados miembros, pero su trascendencia jurídica es mayor, ya que el conjunto de los derechos contenidos en la buena administración, conforme a la CDFUE, es citado en los fundamentos jurídicos de sentencias de tribunales ante los cuales puede ser invocado[33], lo que viene influyendo en la evolución de los derechos nacionales de los Estados miembros. Su caracterización, en el Derecho de la Unión Europea es la de un derecho fundamental, lo que ya había sido tempranamente apuntado en las Conclusiones presen-

---

33 MEILÁN GIL, J.L., "La buena administración como institución jurídica", en *Revista Andaluza de Administración Pública,* núm. 87, Sevilla, septiembre-diciembre (2013), 2013, p. 14.

tadas por el Abogado General Léger el 10 de julio de 2001, en el asunto Consejo de la Unión Europea contra Heidi Hautala (C-353/99 P), cuando aún no se había incorporado al Tratado de Lisboa. En estas conclusiones se concibe la CDFUE como un documento que no se limita a tener carácter programático, es decir, no puede considerarse como mera declaración de un principio moral sin consecuencia jurídica alguna, sino que, al contrario, lo sitúa al más alto nivel de los valores comunes compartidos por los Estados miembros[34].

En el ámbito de la Unión Europea es, sin duda, un derecho fundamental en el marco jurídico de la Unión Europea, pero su consideración como Derecho Humano general sólo cabe si mantenemos la postura de considerar como intercambiables ambos conceptos. En caso contrario, su trascendencia en relación con los Derechos Humanos radica en su carácter instrumental para garantizar y hacer efectivos otros Derechos que sí gozan de pleno reconocimiento como tales. Por este motivo, su utilidad, en numerosas ocasiones, se aprecia valorando su extensión y su relación con otros Derechos Humanos universalmente reconocidos, y muy especialmente, radica en la configuración de los derechos que se integran en la tramitación del procedimiento administrativo que, aunque de menor rango, son instrumentales del mismo, por ser garantías del ciudadano frente a las Administraciones públicas.

---

34 TOMÁS MALLÉN, B., *El derecho fundamental a una buena administración,* Instituto Nacional de Administración Pública (INAP), Madrid, 2004, 343 pp., p. 38.

II. LA BUENA ADMINISTRACIÓN COMO ABANICO DE DERECHOS SUBJETIVOS

La buena administración entendida como conjunto de derechos y garantías tiene su origen y proceso de reconocimiento en el seno de la Unión Europea, aunque los ordenamientos jurídicos de los Estados miembros ya reconocían algunos de sus derechos antes de su configuración en la Unión Europea. Sin embargo, es en la Unión Europea donde ha alcanzado un reconocimiento conceptual autónomo, al consagrarse por la jurisprudencia del TJUE[35], surgiendo originariamente en contraposición a la mala administración, aunque realmente es mucho más. No es de extrañar que ello sea así ya que existe cierto consenso en relación con la acción de la jurisprudencia del TJUE para configurar, entre otras cosas, las bases para la protección de los derechos fundamentales en el *ius commune* europeo ante la ausencia inicial de previsión sobre esta materia en los tratados constitutivos[36]. Con independencia de su configuración como derecho fundamental del ciudadano en el ámbito de la Unión Europea, los derechos que incluye, en su mayoría, se han reconocido anteriormente en los Ordenamientos jurídicos nacionales, aunque con el carácter de derecho subjetivo que no alcanza rango fundamental.

En el Derecho español, la buena administración no se recoge expresamente en la Constitución española, aunque existen menciones a elementos integrados en la misma en los artículos

---

[35] Entre otras muchas, encontramos la STJUE de 31 de marzo 1992, C-255/90, Burban, Rec. 1992, p. I-2253; STJUE de 18 de septiembre de 1995, T-167/94, Nölle, Rec. 1995, p. II-2589; y la STJUE de 9 de julio de 1999, T-231/97.

[36] MARTÍN Y PÉREZ DE NANCLARES, J., *La protección de los derechos sociales en la unión europea: sobre el papel cuasiconstitucional del Tribunal de Justicia. Instituto de investigaciones jurídicas de México*, México, p. 255.

9.3, 103, 105 y 106 CE entre otros. En el Derecho español este concepto tiene una doble connotación, la primera es la que relaciona al concepto con un conjunto de derechos, la mayoría de ellos configurados como derechos subjetivos vinculados al procedimiento administrativo, de modo que sirven de garantías jurídicas al ciudadano en sus relaciones con la Administración; la segunda connotación tiene la caracterización de principio jurídico-administrativo, cuestión que se tratará más adelante. Ambas facetas vienen a completar la expectativa del ciudadano de que la Administración actuará con rectitud, tanto desde el punto de vista legal, como más allá de las previsiones normativas. Esta idea surgió mucho antes que la configuración de la buena administración con trascendencia fundamental, ya que fue en el siglo XIX cuando diversos autores pusieron de relieve que la Administración no sólo debía actuar conforme al ordenamiento jurídico, sino que además debía actuar bien, ajustándose a las «reglas de buena administración»[37].

En el primero de los sentidos, su contenido es muy amplio y se identifica con una nueva concepción de la relación de la Administración con los ciudadanos, en la que estos adquieren mayor protagonismo en la actividad de las Administraciones, dejando de ser meros sujetos pasivos para participar activamente en lo público[38]. En este sentido, es una manifestación de una democracia más avanzada.

---

[37] PONCE SOLÉ, J., "El derecho a una buena administración y el derecho administrativo iberoamericano del siglo XXI. Buen gobierno y derecho a una buena administración contra arbitrariedad y corrupción", VI Congreso Internacional GIGAPP IUIOG y en el XX congreso del CLAD y *Revista Española de Derecho Administrativo,* n° 173, 2016.

[38] ÁVILA RODRÍGUEZ, C.M., "El derecho ciudadano a una Buena Administración", en *El derecho de la ciudadanía a una Buena Administración. La Administración Electrónica,* en GUTIÉRREZ RODRÍGUEZ, F.J. (Dir.), editado por la Diputación de Málaga, 2009, p. 31.

Este derecho se distingue del concepto de «buen gobierno», que tiene un alto componente político[39], en la medida en que la «buena administración» se configura con un contenido jurídico, que incluye otros elementos asociados que se han ido identificando con este concepto mediante la jurisprudencia española y comunitaria, fundamentalmente, en relación con la eficiencia, eficacia, motivación, buena actuación contractual o de selección funcionarial, sometimiento al Derecho, etc.[40]. Como derecho es indudable su dimensión y trascendencia jurídica, pero también se puede reconocer en el mismo su dimensión ética[41].

En relación con el Derecho español, la buena administración engloba un conjunto de derechos que ya estaban reconocidos anteriormente, concretamente en las leyes de procedimiento administrativo anteriores (como la Ley 30/1992, de 26 de noviembre, de régimen jurídico de las Administraciones públicas y procedimiento administrativo común, y la Ley de 17 de julio de 1958)[42], igual que en una gran parte de los ordenamientos jurídicos de los países occidentales, aunque en algunos casos se recogían como principios por los que debía regirse la actuación de la Administración, con reconocimiento constitucional, y sólo en algunos de estos aspectos, las manifestaciones de la buena administración se recogían como auténticos derechos de los ciudadanos frente a la Administración, que

---

39 MEILÁN GIL, J.L., "La buena administración como institución jurídica", *Revista Andaluza de Administración Pública,* núm. 87, Sevilla, septiembre-diciembre (2013), p. 13.

40 MEILÁN GIL, J.L., "La buena administración como institución...", 2013, op. cit., p. 13.

41 MEILÁN GIL, J.L., "La buena administración como institución...", 2013, op. cit., p. 16.

42 VAQUER CABALLERÍA, M.., *La codificación del procedimiento administrativo en España, Estudios y comentarios INAP,* Instituto Nacional de Administración Pública, 2016.

podían ser esgrimidos por aquellos en sus relaciones de todo tipo con ellas o en sede de procedimiento administrativo.

Con carácter general se puede afirmar que este conjunto de derechos viene perfilado en la legislación ordinaria, y está íntimamente relacionada con el control judicial de las garantías del procedimiento administrativo[43]. Con este carácter, se aplica, sobre todo, en el ámbito de las relaciones entre la Administración y el ciudadano como interesado –que se recogen en la regulación del procedimiento administrativo en diversos artículos, además de en el artículo 53 de la Ley 39/2015-, aunque excede del mismo, en algunos casos, como en el elenco de los derechos que recoge el artículo 13 de la Ley 39/2015 y se reconocen a los ciudadanos, en general, aunque no sea interesado en el procedimiento.

La buena administración en su manifestación a través de los derechos que incluye queda vinculada al principio de legalidad, ya que la caracterización de los mismos viene prevista en la regulación del procedimiento administrativo, sobre todo, y en su desarrollo jurisprudencial al interpretar cómo se perfilan y cuál es el alcance de las garantías procedimentales. Pero, a pesar de su vinculación con el principio de legalidad, la buena administración permite ir más allá, ya que implica más que su mero cumplimiento, que debe ir acompañado de unas condiciones de diligencia y eficacia que trascienden las meras exigencias legales. En este sentido, la STS de 17 de abril de 2017[44], ha recogido en relación con el principio citado que «le era exigible a la Administración una conducta lo suficientemente

---

43 PONCE SOLÉ, J., "El control judicial del procedimiento administrativo y la garantía del derecho a una buena administración", *Revista de Derecho Administrativo*, nº 9, 2010, pp. 77-94.

44 STS, Sala Tercera, de lo Contencioso-administrativo, de 17 de abril de 2017, en el recurso 785/2016, fundamento jurídico tercero (ES:TS :2017.1503).

diligente como para evitar definitivamente las posibles disfunciones derivada de su actuación, por así exigirlo el principio de buena administración que no se detiene en la mera observancia estricta de procedimiento y trámites, sino que más allá reclama la plena efectividad de garantías y derechos reconocidos legal y constitucionalmente». De hecho, se ha afirmado que la construcción jurídica de la buena administración pretende ser un medio entre el orden jurídico-formal (relacionado con el principio de legalidad) y la realidad del funcionamiento administrativo, dónde hay aspectos que exceden de la legalidad formal[45], y que pretende «dotar de alma a la Administración Pública»[46].

En este sentido, la buena administración implica una mejora añadida en relación con la vinculación al principio de legalidad, al exigir un actuar diligente que excede de las meras previsiones de la norma, pero también podría considerarse como un criterio que permita completar los espacios no cubiertos por la legalidad. Ello tiene mucha relación con los dos tipos de vinculación a la ley por parte de las Administraciones públicas: de un lado, la vinculación positiva supone que las Administraciones públicas están sujetas a la ley[47]; por otro lado, la

---

45 MATILLA CORREA, A., *La buena administración como noción jurídico-administrativa*, Dykinson, Madrid, 2020, 327 pp., p. 29.

46 TORNOS MAS, J., "El principio de buena administración o el intento de dotar de alma a la Administración Pública", en *Derechos fundamentales y otros estudios en homenaje al prof. Dr. Lorenzo Martín-Retortillo*, vol. I, Facultad de Derecho Universidad de Zaragoza, Gobierno de Aragón, Zaragoza, 2008, p. 630.

47 Sobre la vinculación positiva a la ley, se pueden diferenciar dos sectores doctrinales: el primero, excluye toda actuación de la Administración que no se encuentra amparada en una norma, siendo esta la tesis mayoritaria –en este sentido, entre otros, GARCIA DE ENTERRÍA E. y FERNÁNDEZ, T.R., Curso de Derecho Administrativo, vol. I, 16ª edición, Civitas-, frente a este sector, otros autores, no

vinculación negativa, prohíbe que las Administraciones públicas actúen en contravención a la ley[48], pero permite que realicen todo aquello que la ley no les prohíbe, como resulta de la interpretación que realiza el Tribunal Supremo, entre otras en la STS 2338/2015, de 22 de mayo (recurso de casación n.º 2436/2013), y en la STS 3388/2024, de 17 de junio (recurso de casación n.º 8754/2022)[49]. Pues bien, las leyes no pueden abarcar la regulación de toda la realidad, además de que la natural evolución de la sociedad, da lugar a que aparezcan situaciones desreguladas. Ello requiere que se supere la tesis de que la Administración sólo puede actuar cuando existe previamente una norma que le autoriza a desempeñar tal actuación; lo contrario sería limitar el ámbito de actividad de las Administraciones públicas al estrictamente regulado, sin que puedan intervenir en aquello que no se les prohíbe y sin capacidad para adaptarse a los cambios de la realidad social. Al respecto, debemos defender que la aplicación de la buena administración como principio *extra lege*, puede permitir una evolución positiva de la actividad administrativa, más allá de la ley, pero amparada por el reconocimiento de la buena administración como principio, en base al artículo 3.1 de la Ley 40/2015. Esta idea es coherente con el carácter dinámico del ordenamiento jurídico, rasgo del mismo reconocido por la Sentencia del Tribunal Supremo 542/2014, de 19 de febrero (FJ 4), y por el Tribunal Consti-

---

acogen la misma interpretación –en este sentido, BELAÍDEZ ROJO M., "La vinculación de la Administración al derecho", en *Revista de Administración Pública,* núm 153, pp. 315-349-. En este sentido, la aplicación de la buena administración como principio *extra lege,* se puede acoger presuponiendo que se acoge esta última tesis.

48 NAVARRO GONZÁLEZ R., "La atribución de las potestades administrativas", en GAMERO CASADO, E. (Dir.) *La potestad administrativa, concepto y alcance práctico de un criterio clave para la aplicación del Derecho administrativo,* Tirant lo Blanch, Valencia, 2021, p. 240.

49 STS 3388/2024, de 17 de junio (recurso de casación n.º 8754/2022), Fundamento de Derecho séptimo (ECLI:ES:TS:2024:3388).

tucional en las Sentencias 126/1987, de 16 de julio (FJ 11), y 182/1997, de 28 de octubre (FJ 11), puesto que lo contrario implicaría la congelación o petrificación del ordenamiento jurídico, e impediría dar solución a nuevas situaciones jurídicas emergentes o a nuevos problemas jurídicos derivados de cambios normativos en sectores muy técnicos, como el financiero, o adaptar la respuesta jurídica a situaciones derivadas de la innovación tecnológica que en los últimos años planteando desafíos a nivel regulatorio[50].

En relación con la integración de tales lagunas es donde también la buena administración puede tener una especial relevancia, en cuanto que puede ser el criterio guía que determine la diligencia debida en el tratamiento de los aspectos que no están particularmente vinculados con la legalidad. En este sentido, y a estos efectos, deberá ser considerado un principio jurídico-administrativo que, como otros principios generales del derecho, permiten alcanzar la interpretación correcta de las normas e integrar lagunas. En este sentido, como principio, será tratado más adelante.

En relación con su vinculación con el principio de legalidad, sin embargo, sí se puede afirmar que la buena administración es el elemento que garantiza el sometimiento al control judicial de los derechos que aquella engloba, en toda su extensión. En este sentido, la STS, Sala Tercera, de lo Contencioso-Administrativo, de fecha 18 de diciembre de 2019[51],

---

50 CANALS ATMELLER, D., "El ejercicio de potestades administrativas por operadores privados en régimen de mercado", en GAMERO CASADO, E. (Dir.) *La potestad administrativa, concepto y alcance práctico de un criterio clave para la aplicación del Derecho administrativo,* Tirant lo Blanch, Valencia, 2021, p. 364.

51 STS, Sala Tercera, de lo Contencioso-Administrativo, de fecha 18 de diciembre de 2019, número 1853/2019, en su fundamento jurídico noveno (ECLI: ES:TS:2019:4115).

reitera la doctrina ya recogida anteriormente en la STS, Sala Tercera, de lo Contencioso-Administrativo, de fecha 5 de diciembre de 2017[52], que reafirma que «del derecho a una buena Administración pública derivan una serie de derechos de los ciudadanos con plasmación efectiva. No se trata, por tanto, de una mera fórmula vacía de contenido, sino que se impone a las Administraciones públicas de suerte que a dichos derechos sigue un correlativo elenco de deberes a estas exigibles». Esa exigibilidad que emana de la ley es la que vincula las posibilidades de su exigibilidad con el control judicial de la actividad administrativa.

De este modo, si el control de la legalidad administrativa forma parte necesaria de la buena administración, a través de la posibilidad de que se ejerciten derechos concretos que integran este concepto, la buena administración también debe servir para orientar la actividad pública hacia la toma de las mejores decisiones posibles en su servicio al interés general, lo que excede de la mera lucha contra las inmunidades de poder, e implica una auténtica batalla por el buen gobierno y la buena administración en garantía de los derechos de los ciudadanos[53].

---

52 STS, Sala Tercera, de lo Contencioso-Administrativo, de fecha 5 de diciembre de 2017, en el recurso 1727/2016 (ES:TS :2017:4499).

53 PONCE SOLÉ, J., "El derecho a una buena administración y el derecho administrativo iberoamericano del siglo xxi. Buen gobierno y derecho a una buena administración contra arbitrariedad y corrupción", *El control de la actividad estatal, Discrecionalidad, División de Poderes y Control Extrajudicial,* ALONSO REGUEIRA, E.M. (Dir.), Asociación de Docentes Facultad de Derecho y Ciencias Sociales Universidad de Buenos Aires, Buenos Aires, p. 227.

III. LA BUENA ADMINISTRACIÓN COMO PRINCIPIO JURÍDICO-ADMINISTRATIVO

Como se ha indicado antes, la segunda connotación atribuible a este concepto en el derecho español es la de ser un principio jurídico-administrativo; esta acepción es la tercera de las tres diferentes configuraciones o dimensiones que se pueden predicar de la buena administración –derecho fundamental, conjunto de derechos subjetivos, y principio general del derecho administrativo-. En su consideración como principio, tiene dos facetas: la primera es la estrictamente jurídica, que le permite ser un criterio interpretativo y orientador en la disciplina a través de los principios de eficacia, seguridad jurídica, interdicción de la arbitrariedad de los poderes públicos, etc.; y la segunda, además, le aporta un eminente carácter ético que trasciende el ámbito estrictamente jurídico, incentivando que la actividad administrativa sea identificable con un comportamiento administrativo íntegro que traspasa la esfera jurídica, y que alcanza la ética pública superando las imposiciones del principio de legalidad, el cual sigue siendo esencial para la actividad administrativa sobre la base de los artículos 9.3 y 103.1 CE, como declara la STS, Sala Tercera, de lo Contencioso-Administrativo, de fecha 18 de diciembre de 2019[54].

El concepto de ética pública se vincula con la dimensión no jurídica de la buena administración, y ambos conceptos contactan con el concepto de responsabilidad social de las Administraciones públicas. Todos ellos tienen elementos coincidentes, como la finalidad de que exista una actuación íntegra en toda la actividad de las Administraciones públicas, pero en esta faceta, la buena administración implica unas premisas que son

---

54 STS, Sala Tercera, de lo Contencioso-Administrativo, de fecha 18 de diciembre de 2019, número 1853/2019, en su fundamento jurídico quinto (ECLI: ES:TS:2019:4115).

de voluntario cumplimiento, como ocurre con la ética pública y con las responsabilidad social, y que se diferencian de la faceta de la buena administración como elenco de derechos subjetivos, o incluso como derecho fundamental, donde su inobservancia da lugar a una respuesta jurídica más contundente.

En este aspecto, la buena administración implica tanto un comportamiento público regido por la ética, como un comportamiento socialmente responsable. En este sentido, la ética pública pretende ofrecer un orden justo y estable, así como los criterios de organización de la vida social, el conjunto de valores, principios y derechos, que forman el contenido de la idea de justicia insertada en el ordenamiento jurídico de una sociedad democrática[55]. Frente a ello, la responsabilidad social es un concepto inicialmente surgido en el ámbito privado empresarial, como responsabilidad social corporativa, que se encuentra vinculado con la sostenibilidad, y que otorga mayor valor a la entidad, a través de la aplicación de buenas prácticas[56]. La aplicación del concepto de responsabilidad social fue incentivada por la Unión Europea en el año 2000, ya que la Cumbre de Lisboa estableció, como objetivo, convertir a Europa en una economía competitiva capaz de lograr un crecimiento económico sostenible con una mayor cohesión social. La responsabilidad social se convierte, así, en política pública comunitaria en julio de 2001, con la publicación, por parte de la Comisión Europea, el 18 de julio de 2001, del llamado «Libro Verde: Fomentar un marco europeo para la responsabilidad social de las empresas» -COM(2001) 366 final-, que inaugura el trabajo multilateral e interinstitucional sobre responsabilidad

---

55 PECES-BARBA MARTINEZ, G., "Ética pública-ética privada", *Anuario de filosofía del derecho XIV* (1997), p. 536.

56 NÚÑEZ, G. (2003), *La responsabilidad social corporativa en el marco del desarrollo sostenible*, Naciones Unidas, Comisión Económica para América Latina y el Caribe (CEPAL), Santiago de Chile, p. 5.

social empresarial[57], y que declara el interés de la Unión Europea «en la responsabilidad social de las empresas en la medida en que puede contribuir positivamente al objetivo estratégico establecido en Lisboa: "convertirse en la economía basada en el conocimiento más competitiva y dinámica del mundo, capaz de crecer económicamente de manera sostenible con más y mejores empleos y con mayor cohesión social"»[58]. La identificación de estos principios con los Objetivos de Desarrollo Sostenible (en adelante, ODS) es clara, pero no es tan reciente, ya que la definición generalmente aceptada de sostenibilidad fue acuñada hace décadas en el Informe «Nuestro futuro común», emitido por la Comisión Mundial de Medio Ambiente y Desarrollo de Naciones Unidas, también denominado Informe *Brundtland* de 1987[59], donde se perfiló el concepto de desarrollo sostenible como «aquél que satisface las necesidades actuales sin poner en peligro la capacidad de las generaciones futuras de satisfacer sus propias necesidades»[60]. Sin embargo, en ese momento inicial y durante varias décadas, el mayor inconveniente que tales valores han encontrado, es la falta de eficacia, al considerarse normas de *soft law*[61]. Esta tendencia ha

---

57 GIL SÁNCHEZ, G. (2013), "La definición europea de la responsabilidad social de las empresas y su insensibilidad hacia la justicia de género", *Lan Harremanak*/28 (2013-I), p. 171.

58 COMISIÓN EUROPEA (2001), *Libro Verde: Fomentar un marco europeo para la responsabilidad social de las empresas*, COM(2001) 366 final, número 6, p. 3.

59 NACIONES UNIDAS, Informe *Our common future* de la Comisión Mundial de Medio Ambiente y Desarrollo de Naciones Unidas, nº 27, 1987, última entrada el 24 de marzo de 2020, en: https://www.are.admin.ch/are/en/home/media/publications/sustainable-development/brundtland-report.html

60 Ibídem, p. 24

61 NAVA ESCUDERO, C., *Estudios ambientales*, 3a. ed., México, Instituto de investigaciones jurídicas de la UNAM, 2018. CHICHARRO, A., "El carácter de *soft law* de los instrumentos internacionales sobre

cambiado ya que el Acuerdo de París de 12 de diciembre de 2015 se considera el primer acuerdo universal y jurídicamente vinculante[62].

En relación con la responsabilidad social, la incidencia de la buena administración como principio rector, incide desde un punto de vista finalista, como criterio guía en las tres dimensiones de la actividad administrativa (policía, servicio público y fomento), pero entre ellos, donde primero se ha apreciado su incidencia, ha sido en el aspecto de fomento, incentivando tal responsabilidad social en el sector privado. Sin embargo, el compromiso social vinculado con el concepto de buena administración que afecta a las Administraciones públicas, no puede ceñirse al fomento de la inserción del valor de la sostenibilidad a través de la concesión de incentivos al sector privado, fomentando la responsabilidad social de este, al ser destinata-

---

desarrollo sostenible" en DOMÍNGUEZ MARTÍN, R. y TEZANOS VÁZQUEZ, S. (Eds.), *Desafíos de los Estudios del Desarrollo: Actas del I Congreso Internacional de Estudios del Desarrollo,* Red Española de Estudios del Desarrollo, 2013, pp. 12-19. MAZUELOS BELLIDO, A., "Soft law: ¿Mucho ruido y pocas nueces?". *Revista Electrónica de Estudios Internacionales* nº 8, 2004, disponible en www.reei.org.; ALARCÓN GARCÍA, G., "El soft law y nuestro sistema de fuentes", en BÁEZ MORENO A.,, *et alii* (coords.) *Libro-Homenaje del profesor Álvaro Rodríguez Bereijo,* Vol. 1, Tomo I, Navarra, Aranzadi, 2010, pp. 271-298; ABBOT K.W. y SNIDAL, D., "Hard and Soft Law in International Governance", en *International Organization* nº 54-3, Summer, The IO Foundation and the Massachusetts Institute of Technology, 2000, pp. 421-456.

62 LINARES P., "La transición energética", *Ambienta: La revista del Ministerio de Medio Ambiente,* Nº. 125, 2018, pp. 20-31. Y también, MORENO J.M., "El Acuerdo de París, un primer paso". *La Revista del Ministerio de Medio Ambiente,* Nº. 114, 2016 (Ejemplar dedicado a: Acuerdo de París sobre cambio climático). Y NACIONES UNIDAS, *Acuerdo de París.* Consultado el 25 de abril de 2021, 2015, y disponible en: https://unfccc.int/files/essential_background/convention/application/pdf/spanish_paris_agreement.pdf

rios de posibles beneficios reconocidos a este sector en forma de beneficios fiscales, ayudas, subvenciones, mejor calificación en las licitaciones públicas, o incluso exigiendo ciertos estándares de responsabilidad social en la contratación pública, y controlándolos[63]. También es posible que el sector público llegue a implicarse más, asumiendo el valor-insignia de ser socialmente responsable a través de sus actividades de prestación de servicios públicos y de control o policía, e incluso, a través del diseño de políticas públicas.

En todos sus ámbitos, la aplicación de la responsabilidad social por parte del sector público puede, además, servir para mejorar la calidad democrática de los poderes públicos, y para considerar al ciudadano como centro de toda la actividad administrativa, esto es, para replantear el Derecho Administrativo del siglo XXI como aquel que debe existir por y para el ciudadano. Precisamente, este es el principal punto de encuentro de la responsabilidad social administrativa con la ética pública, pues ambos conceptos coinciden en la finalidad de servir a la búsqueda de la calidad democrática[64]. Este no es el único punto en común, de hecho, existen sectores doctrinales que identifican la ética pública con la responsabilidad social y esta con la consecución de mayor sostenibilidad, llegándose a considerar los ODS, adoptados por la Asamblea General de Naciones

---

63 CANALS AMETLLER, D., “El sistema administrativo de control interno y de supervisión de la contratación pública”, *Revista Galega de Administración Pública (REGAP),* Núm. 55, 2018, pp. 409-446.

64 GIMENO FELIU, J.M., “Integridad y transparencia en la contratación pública. De las ideas a la acción”, en VILLORIA MENDIETA, M., (Coord.), *Ética pública en el siglo XXI,* Instituto nacional de Administración pública, Madrid, 2021, p. 32.

Unidas en diciembre de 2015[65], como una «brújula ética»[66], o como representativos de «virtudes cívicas y una integridad colectiva que estamos aún lejos de atesorar»[67].

Todo ello es manifestación del aspecto espiritual de la buena administración, porque representa un compromiso público más allá de los requerimientos del principio de legalidad. Así, una Administración que se rige por criterios éticos y es socialmente responsable, buscará también la sostenibilidad en el ámbito de sus competencias. El fomento de la sostenibilidad en España, contacta con la ética pública y el compromiso social de las Administraciones, existiendo algunas normas a través de las que se aprecia tal relación. Aunque el primer gran impulso que se dio a la responsabilidad social en España fue en el ámbito empresarial, la relación de estos conceptos con la sostenibilidad ya se encuentra, en su origen normativo, con la Ley 2/2011, de 4 de marzo, de Economía Sostenible. Esta ley, ya entonces, hizo referencia al papel del sector público en el impulso de la responsabilidad social, cuando destacó que, en este ámbito, deben realizarse las reformas orientadas a garantizar un entorno económico eficiente y de apoyo a la competiti-

---

65 NACIONES UNIDAS, *La Asamblea General adopta la Agenda 2030 para el Desarrollo Sostenible*, 2015, último acceso 8 de noviembre 2021, disponible en https://www.un.org/sustainabledevelopment/es/2015/09/la-asamblea-general-adopta-la-agenda-2030-para-el-desarrollo-sostenible/. Y NACIONES UNIDAS (2021), *Objetivos y metas de desarrollo sostenible: 17 objetivos para transformar nuestro mundo*, último acceso 8 de noviembre 2021, disponible en https://www.un.org/sustainabledevelopment/es/sustainable-development-goals/

66 VILLORIA MENDIETA, M., "´Presentación", en VILLORIA MENDIETA Manuel (Coord.), *Ética pública en el siglo XXI*, Instituto nacional de Administración pública, Madrid, 2021, p. 15.

67 VILLORIA MENDIETA, M., "Hacia un marco de integridad nacional", en VILLORIA MENDIETA Manuel (Coord.), *Ética pública en el siglo XXI*, Instituto nacional de Administración pública, Madrid, 2021, p. 221.

vidad de la economía española. Consecuente con esta idea, en esta ley se recogió referencia a las reformas proyectadas sobre la actuación de todas las Administraciones públicas, en ejercicio de las competencias estatales sobre procedimiento administrativo común y sobre ordenación general de la economía. La regulación contenida en la Ley 2/2011 no es la única, ya que a la misma le han sucedido algunas normas autonómicas que van asociando la idea de sostenibilidad con la de responsabilidad social[68]. En este sentido, encontramos en Baleares, la Ley 4/2011, de 31 de marzo, de la buena administración y del buen gobierno; en Extremadura, La Ley 15/2010, de 9 de diciembre, de Responsabilidad Social Empresarial; y en la Comunidad Valenciana la Ley 11/2009, de 20 de noviembre, de la Generalitat, de Ciudadanía Corporativa y, más recientemente, la Ley 18/2018, de 13 de julio, de la Generalitat, para el fomento de la responsabilidad social, que ya ofrece una visión de la responsabilidad social pública más clara. Precisamente, en esta última encontramos la identificación de las acciones de responsabilidad social con el contenido material de la sostenibilidad tal y como se concibe en la Agenda 2030, ya que la misma ley comienza su preámbulo definiendo la responsabilidad social como «un sistema innovador de gestión de las empresas y organizaciones que se orienta a incrementar la competitividad de estas, así como el fomento del desarrollo sostenible y la justicia social»[69]. La ley valenciana hace extensiva la responsabilidad social a las Administraciones públicas, precisamente asimilando los objetivos de la responsabilidad social con los objetivos de la Estrategia europea 2020, establecidos en la Comisión de 3 de marzo de 2010: un crecimiento inteligente,

---

68 CUETO CEDILLO, C. y DE LA CUESTA GONZÁLEZ, M., *La Administración Pública de la responsabilidad social corporativa*, Editorial Área de Innovación y Desarrollo, S.L., UNED, 2019, p. 110.

69 Preámbulo I, Ley 18/2018, de 13 de julio, de la Generalitat Valenciana, para el fomento de la responsabilidad social.

sostenible e integrador (Bruselas, 3.3.2010, COM [2010] 2020, final), y con los objetivos de la Estrategia española de responsabilidad social 2014-2020, aprobada el 24 de octubre de 2014, aplicable a empresas, Administraciones públicas y el resto de organizaciones para avanzar hacia una sociedad y una economía más competitivas, productivas, sostenibles e integradoras. Por tanto, la buena administración incorporará la búsqueda del cumplimiento de la responsabilidad social del sector público en sus actividades.

En los últimos años, la relevancia de la responsabilidad social se inserta en el ámbito público, especialmente, en lo referente a las políticas públicas. En este ámbito, se ha identificado con la contribución del sector público para lograr un desarrollo sostenible[70], y se define como el compromiso voluntario asumido por las Administraciones públicas que va más allá del cumplimiento de sus obligaciones propias de carácter competencial, y que gira en torno de la atención directa o indirecta de las necesidades de los grupos de interés a través de un gobierno y Administración pública transparente y responsable que contribuya a multiplicar la sostenibilidad colectiva, tanto económica, como social y ambiental[71]. La relación entre responsabilidad y transparencia administrativa, también es clara en cuanto que la democracia es mayor y más perfecta en tanto en cuanto lo son la información, la transparencia y la responsabilidad, que permiten la introducción del control social como *social accountability*[72].

---

70 SERRANO ROMERA, A., *Medidas de gobierno corporativo en la sociedad pública local: análisis actual y perspectivas de aplicación*, tesis doctoral Universidad de Granada, 2020, p. 355.

71 ALFONSO SÁNCHEZ, R., "Responsabilidad social y administración pública", *Diario La Ley*, Nº 7917, 2012, p. 1.

72 ALLI ARANGUREN, J.C., "El control y la transparencia administrativa, medios contra la corrupción", en ARENILLA SAEZ, M,

En términos generales, la responsabilidad social del sector público, como dimensión relacionada con la buena administración en su consideración, como principio, se debe entender como un conjunto de estrategias, políticas y compromisos económicos, éticos, sociales y medioambientales con la sociedad que se integran en sus procesos de gestión mediante una cultura de transparencia y buen gobierno, que responda y rinda cuentas de su contribución al desarrollo sostenible global, al objeto de lograr mayor legitimación y confianza de los grupos de interés y la sociedad en general[73]. La Ley 18/2018, de 13 de julio, de la Generalitat Valenciana, para el fomento de la responsabilidad social, reconoce la naturaleza pluridimensional de la responsabilidad social «que abarca, como mínimo, entre otros aspectos, los derechos humanos, el comercio justo, las prácticas de trabajo y de empleo óptimas (como la formación, la diversidad, la igualdad de género, la salud y el bienestar de los trabajadores y de las trabajadoras), la sostenibilidad ambiental (como la protección de la biodiversidad, la lucha contra el cambio climático, el uso eficiente de los recursos naturales y la energía, la evaluación del ciclo de vida, la prevención de la contaminación), la transparencia y la lucha contra la corrupción y el soborno»[74].

Precisamente, adelantándonos a la valoración de su eficacia, la misma Ley 18/2018, en su artículo 16.1, extiende a las Administraciones públicas la obligación de arbitrar mecanismos para impulsar la ética pública, entre otras cuestiones como la transparencia, el buen gobierno, etc. Con todo, la amplitud

---

(Coord.), *La Administración Pública entre dos siglos*, Instituto Nacional de Administración Pública, Madrid, 2010, p. 220.

73 CUETO CEDILLO, C. y DE LA CUESTA GONZÁLEZ, M., *La Administración Pública de la responsabilidad social corporativa*, Editorial Área de Innovación y Desarrollo, S.L., UNED, 2019, p. 93.

74 Preámbulo II, Ley 18/2018, de 13 de julio, de la Generalitat Valenciana, para el fomento de la responsabilidad social.

de la extensión de la ética pública y de los conceptos conectados con ella, incluido el concepto de buena administración, da lugar a que los diversos aspectos que contienen puedan tener diferente valor y relevancia jurídica, ya que algunos de sus aspectos se recogen normativamente y otros quedan simplemente incluidos, como directrices, en códigos éticos de las Administraciones públicas. En relación con esta cuestión, sin embargo, hay opiniones que sitúan el buen hacer de la Administración en lo referente al aspecto ético, no tanto en el terreno de la buena administración, sino en el terreno de las políticas públicas[75]. Sin embargo, no puede olvidarse que la responsabilidad social de las Administraciones públicas y la ética pública influye en el diseño de políticas públicas, y por ello, en este ámbito, que se desarrolla con un elevado componente de discrecionalidad, puede ser un factor de control de tal discrecionalidad, la exigencia de unas condiciones de buena administración, aunque se aplique, desde su faceta espiritual, como principio o guía.

---

[75] MEILÁN GIL, J.L., "La buena administración como institución jurídica", en *Revista Andaluza de Administración Pública,* núm. 87, Sevilla, septiembre-diciembre (2013), 2013, p. 20.

Capítulo IV.

Contenido actual de la buena administración

I. CONTENIDO COMO DERECHO FUNDAMENTAL EUROPEO.

En este aspecto, se ha considerado que estamos ante un derecho-garantía, es un derecho en sí mismo, pero contiene una serie de garantías frente al poder público, como son las garantías propias de los derechos fundamentales, tanto jurisdiccionales como extrajurisdiccionales[76]. Para determinar la extensión de la buena administración es relevante hacer referencia a cómo llegaron a ser definidos los elementos y derechos incluidos en la buena administración, lo que nos lleva a revisar el *Informe anual de actividades 1996* del Defensor del Pueblo europeo en el que se identificaron los primeros parámetros de la buena administración. En esta fase se incluyeron como manifestaciones de la misma: el responder sin retrasos injustificados a las peticiones de información[77], el remitir por vía interna y de oficio de los escritos presentados al organismo competente cuando se hayan presentado ante otro órgano por error del ciudadano[78], el reconocer los errores cometidos

---

[76] PÉREZ LUÑO, A. E., *Los derechos fundamentales,* Tecnos, Madrid, 5.ª ed., 1993, pp. 65-104.

[77] DEFENSOR DEL PUEBLO EUROPEO, *Informe anual de actividades 1996* del Defensor del Pueblo europeo, C4-293/97, de 21 de abril de 1997, Parlamento europeo, Bruselas, p. 39.

[78] DEFENSOR DEL PUEBLO EUROPEO, 1997, op. cit., p. 56.

por la propia Administración[79], y el actuar con alto grado de transparencia[80], especialmente a través del derecho de acceso a la información y documentación pública[81]. Esta conceptualización inicial fue desarrollándose posteriormente, y el mismo Defensor del Pueblo europeo en su el *Informe anual 2000* amplió el elenco de estándares que conforman el concepto del derecho a una buena administración, y es, en ese momento, cuando los derechos que se incluyeron se concibieron ya como deberes de las Administraciones públicas europeas, como reverso al entonces recientemente proclamado nuevo derecho fundamental a la buena administración en el Consejo Europeo de Niza de 2000[82], sumando mayor número de criterios de actuación, que hoy en día deben ser tomados en consideración junto con lo previsto en el artículo 41 CDFUE. Su contenido y extensión, cuando se le reconoce este carácter, viene definido en el artículo 41 CDFUE, como integrantes del mismo:

> «1. Toda persona tiene derecho a que las instituciones y órganos de la Unión traten sus asuntos imparcial y equitativamente y dentro de un plazo razonable.
>
> 2. Este derecho incluye en particular: el derecho de toda persona a ser oída antes de que se tome en contra suya una medida individual que le afecte desfavorablemente, el derecho de toda persona a acceder al expediente que le afecte, dentro del respeto de los intereses legítimos de la confidencialidad y del secreto profesional y comercial, la obligación que incumbe a la administración de motivar sus decisiones.

---

79 DEFENSOR DEL PUEBLO EUROPEO, 1997, op. cit., p. 79.

80 DEFENSOR DEL PUEBLO EUROPEO, 1997, op. cit., p. 84.

81 DEFENSOR DEL PUEBLO EUROPEO, 1997, op. cit., p. 83 y ss.

82 DEFENSOR DEL PUEBLO EUROPEO, *Informe anual de actividades 2000* del Defensor del Pueblo europeo, de 1 abril de 2001, Parlamento europeo, Bruselas, p. 11.

> 3. Toda persona tiene derecho a la reparación por la Comunidad de los daños causados por sus instituciones o sus agentes en el ejercicio de sus funciones, de conformidad con los principios generales comunes a los Derechos de los Estados miembros.
>
> 4. Toda persona podrá dirigirse a las instituciones de la Unión en una de las lenguas de los Tratados y deberá recibir una contestación en esa misma lengua».

Este artículo eleva a rango de derecho fundamental la buena administración, y ese carácter lo tiene en el funcionamiento de las Administraciones de la Unión Europea, es decir, se aplica en el ámbito de actuación de las Instituciones y funcionarios de la Unión Europea, por lo que, de entrada, y en general, no incidiría en el derecho interno de los Estados miembros por esta vía, pues las Administraciones de los Estados miembros quedan obligados cuando aplican el Derecho de la Unión Europea. Sin embargo, su eficacia jurídica procede de la vía jurisprudencial del TJUE, ya que este derecho se ha construido sobre la jurisprudencia del TJUE que configuró la buena administración como uno de los principios generales del Derecho de la Unión Europea. A pesar de que su eficacia como derecho fundamental queda limitada, su caracterización ha sido precursora de su reconocimiento a nivel interno en algunos Estados miembros y en terceros Estados[83].

En el ámbito europeo, el artículo 41 CDFUE se debe interpretar tomando en consideración el artículo 298 del TFUE, cuando establece que «en el cumplimiento de sus funciones, las instituciones, órganos y organismos de la Unión se apoyarán en una administración europea abierta, eficaz e indepen-

---

83 DEFENSOR DEL PUEBLO EUROPEO, *El Código Europeo de Buena Conducta Administrativa,* –versión actualizada de 2015-, Unión Europea, Estrasburgo, 2015, p. 11.

diente», señalando que el Parlamento Europeo y el Consejo establecerán las disposiciones a tal efecto, mediante reglamentos adoptados con arreglo al procedimiento legislativo ordinario[84].

Se ha puesto de relieve que el contenido que se integra en el derecho a la buena administración, en su configuración europea, no es determinantemente novedoso, ya que realmente reúne bajo el paraguas del nuevo derecho a la buena administración una variedad de derechos instrumentales o procedimentales, anteriormente reconocidos y perfilados por la jurisprudencia de los Tribunales europeos o, incluso, por los Tratados constitutivos[85]. Realmente, la novedad radica en el rango fundamental que se les otorga a tales derechos, pero a partir del artículo 41 de la CDFUE, se requiere mayor desarrollo normativo y jurisprudencial en el ordenamiento jurídico de la Unión Europea para definir el alcance en este ámbito del derecho fundamental a la buena administración. Al respecto, podemos hacer referencia a cómo se ha ido definiendo su contenido en el Derecho de la Unión Europea en sus dos primeras décadas de andadura, por referencia al tratamiento jurisprudencial que cada uno de sus derechos ha recibido en este ámbito.

Con todo, y sin perjuicio de analizar más detenidamente tales derechos, también se puede configurar un concepto global que ha ofrecido la jurisprudencia del TJUE[86], y que permite

---

84 FUENTETAJA PASTOR, J.A., "Del «derecho a la buena administración» al derecho de la Administración europea", *Cuadernos Europeos de Deusto,* num. 51, Bilbao, 2014, p. 20.

85 FUENTETAJA PASTOR, J.A., "Del «derecho a la buena administración» al derecho de la Administración europea", op. cit., p. 23.

86 Entre otras Sentencias, las SSTJUE de 15 de octubre de 2009, Enviro Tech (Europe), C-425/08, Rec, EU:C:2009:635, apartados 47 y62; de 11 de septiembre de 2002, Pfizer Animal Health/Consejo, T-13/99, Rec, EU:T:2002:209,apartados 166 y 171, y de 16 de septiembre de

definirlo como «la observancia del deber de una institución competente de reunir de manera diligente los hechos indispensables para el ejercicio de su amplia facultad de apreciación», lo que posteriormente influye en cómo se da su control por parte del juez de la Unión, que debe verificar si la institución competente ha cumplido su obligación de examinar, minuciosa e imparcialmente, analizando todos los elementos relevantes del asunto de que se trate[87].

Así, la CDFUE, recoge como parte inherente al derecho fundamental a la buena administración un conjunto de derechos que, anteriormente, se reconocían en diversos ordenamientos jurídicos, y particularmente, en el Derecho español –que los sigue reconociendo-, pero que ostentaban una condición de derecho subjetivo no fundamental, condición que ahora sí se les reconoce en el derecho de la Unión Europea, como también se recogen en el Capítulo Tercero de la Carta Iberoamericana de Derechos y Deberes de los ciudadanos ante la Administración Publica de 2013 (en adelante, la Carta Iberoamericana), y de cuyo análisis comparado se puede extraer un elenco de derechos reconocidos al ciudadano, como contenido propio del derecho a la buena administración, que pasamos a examinar.

2013, ATC y otros/Comisión, T-333/10, Rec,EU:T:2013:451, apartado 84.

87 PONCE SOLÉ, J., Los jueces, el derecho a una buena administración y las leyes de transparencia y buen gobierno, Documento presentado en el *VII Congreso Internacional en Gobierno, Administración y Políticas Públicas GIGAPP*, Madrid, España, del 3 al 5 de octubre de 2016. Disponible en https://laadministracionaldia.inap.es/noticia.asp?id=1507021

1.1. Imparcialidad

La imparcialidad está vinculada al principio de objetividad. En el ámbito de la Unión Europea la delimitación de este principio viene definido por el Código Europeo de Buena Conducta Administrativa, aprobado originalmente por el Parlamento Europeo en 2001, pero revisado posteriormente en 2015. Conforme al mismo, los funcionarios deben ser imparciales, estar libres de prejuicios, guiarse por las pruebas y estar dispuestos a escuchar distintos puntos de vista. Deben estar dispuestos a reconocer y corregir errores. En los procedimientos que conllevan una evaluación comparativa, los funcionarios deben basar las recomendaciones y decisiones únicamente en los méritos y en otros factores que establezca expresamente la ley. Los funcionarios no deben discriminar ni permitir que su simpatía o antipatía por una persona en concreto influya en su conducta profesional. El artículo 8 del Código se refiere expresamente a la imparcialidad e independencia del funcionario de la Unión Europea, que conforme al mismo «se abstendrá de toda acción arbitraria que afecte adversamente a los miembros del público, así como de cualquier trato preferente por cualesquiera motivos».

Igualmente, el artículo 9 del Código Europeo de Buena Conducta Administrativa aclara la interpretación que se le debe dar al principio de objetividad que se relaciona directamente con la imparcialidad. En este sentido, en la práctica y según este precepto, la objetividad del funcionario implica que, al adoptar decisiones, deberá tener en cuenta los factores relevantes y otorgará a cada uno de los mismos su debida importancia en la decisión, excluyendo de su consideración todo elemento irrelevante. Además, el artículo 11 Código Europeo de Buena Conducta Administrativa indica que el funcionario actuará de manera imparcial, justa y razonable. La justicia tiene relación con la legalidad, pero trasciende la misma porque da cabida también a la equidad, al que se refiere expresamente el mismo artículo 41 de la CDFUE.

De mismo modo, la objetividad y la imparcialidad tienen estrecha relación con el principio de ausencia de discriminación que el mismo código regula en su artículo 5, y que supone que: «Al tramitar las solicitudes del público y al adoptar decisiones, el funcionario garantizará el respeto del principio de igualdad de trato. Los miembros del público que se encuentren en la misma situación serán tratados de una manera similar». Si se produjera alguna diferencia de trato, esta deberá descansar en razones objetivas correspondientes a las circunstancias del caso concreto. Se busca así, la aplicación plena del principio de igualdad, ya que el Código prevé que el funcionario deba evitar toda discriminación injustificada sobre la base de nacionalidad, sexo, raza, color, origen étnico o social, características genéticas, lengua, religión o creencias, opiniones políticas o de cualquier otro tipo, pertenencia a una minoría nacional, propiedad, nacimiento, discapacidad, edad u orientación sexual.

El principio de igualdad de trato fue considerado por la Sentencia del Tribunal General de Justicia de la Unión Europea (Sala Cuarta) de 12 de diciembre de 2018, dictada en el asunto T-283/17, en el caso SH, agente contractual de la Comisión Europea, contra la Comisión Europea (ECLI:EU:T:2018:917), en relación con la buena administración. En esta sentencia, su Fundamento de Derecho b.2.b).2. recuerda que el principio de igualdad de trato o de no discriminación exige que no se traten de manera diferente situaciones que son comparables y que situaciones diferentes no sean tratadas de manera idéntica, salvo que este trato esté justificado objetivamente, como recogen las SSTJUE de 10 de enero de 2006, IATA y ELFAA, C-344/04, apartado 95 (EU:C:2006:10), y de 12 de septiembre de 2006, Eman y Sevinger, C-300/04, apartado 57 (EU:C:2006:545). El principio de igualdad de trato o de no discriminación, es aplicable al Derecho de la función pública de la Unión Europea, con carácter general, como recogen las SSTJUE de 2 de diciembre de 1982, Micheli y otros/Comisión, 198/81 a 202/81, apartados 5 y 6 (EU:C:1982:411), y de 15 de abril de 2010, Gualtieri/Comisión, C-485/08 P, apartado 70 (EU:C:2010:188).

Así, una diferencia de trato deberá ser justificada mediante una motivación suficiente que indique qué circunstancias objetivas se valoran en el caso concreto para separarse de los criterios aplicados en otros casos. Del mismo modo, esto tiene estrecha relación con otros principios como el de seguridad jurídica, en relación con la formación de precedentes administrativos, que si bien, no son de por sí vinculantes[88], sí dan lugar a que se exija motivación al separarse de los mismos, como establece el ordenamiento jurídico español, en el artículo 35.c) de la Ley 39/2015. En este caso, la motivación constituye la base del cambio de interpretación de la norma o criterio efectuado por la Administración que permitirá al interesado conocer las razones y motivos en que se basa dicho cambio, razones y motivos que deberán ser convincentes, como justificación objetiva y razonable[89].

La imparcialidad y la objetividad están estrechamente relacionadas con la seguridad jurídica, es decir, en la posibilidad de saber, de forma general, cómo se aplicará el derecho en determinado asunto, por estar tratado siempre de forma uniforme por las Administraciones públicas, con la única salvedad de que concurra algún elemento diferencial de suficiente entidad que justifique la diferencia de trato. La importancia de la seguridad jurídica ha sido igualmente tratada por el TJUE en relación con la revisión de los actos administrativos firmes, una vez expirados los plazos razonables de recurso. Al respecto la STJUE

---

88 DIEZ SASTRE, S., *El precedente administrativo: fundamentos y eficacia vinculante*, Marcial Pons, Madrid, 2008.

89 NAVARRO GONZÁLEZ, R., "La motivación de los actos administrativos", GAMERO CASADO, E., *Tratado de procedimiento administrativo común y régimen jurídico básico del sector público*, Tirant lo Blanch, Valencia, 2017, p. 1833.

(Sala Tercera) de 10 de marzo de 2022, en el asunto C-177/20, caso «Grossmania» Mez⊠gazdasági Termel⊠ és Szolgáltató Kft. Y Vas Megyei Kormányhivatal (ECLI:EU:C:2022:175), consideró que es acorde con la seguridad jurídica que el Derecho de la Unión no exija, en principio, que un órgano administrativo esté obligado a reconsiderar una resolución administrativa que ha adquirido dicha firmeza, como también lo había declarado la STJUE de 12 de febrero de 2008, Kempter, C-2/06, apartado 37 (EU:C:2008:78), y la STJUE de 19 de septiembre de 2006, i-21 Germany y Arcor, C-392/04 y C-422/04, apartado 51 (EU:C:2006:586). Esta última recogió, expresamente, que la observancia del principio de seguridad jurídica permite evitar que puedan ponerse indefinidamente en cuestión actos administrativos que surtan efectos jurídicos. A pesar de ello, algunos ordenamientos jurídicos de los Estados miembros, como el español, contemplan la posibilidad de aplicar en vía administrativa, y también en la vía judicial contencioso-administrativa recursos extraordinarios de revisión en casos excepcionales, siendo las causas de su posible aplicación tasadas, y ejercitable sólo durante un tiempo determinado, lo que es una exigencia de seguridad jurídica para evitar que las situaciones jurídicas estén permanentemente expuestas a ser modificadas.

Por su parte, también la Carta Iberoamericana de Derechos y Deberes de los ciudadanos ante la Administración Publica de 2013, en su artículo 25, se refiere al derecho de los ciudadanos a que los asuntos de naturaleza pública sean tratados con equidad, justicia, objetividad, e imparcialidad, lo que tiene relación con la previsión del artículo 28, como derecho a una resolución administrativa amparada en el ordenamiento jurídico, equitativa y justa, de acuerdo con lo solicitado. Estos preceptos encierran diversos derechos relacionados con la imparcialidad, objetividad e igualdad de trato que, en definitiva, son derivaciones del principio de igualdad.

En el ámbito de la Unión Europea también queda integrado el derecho a un trato igualitario, imparcial, objetivo, ya que así lo reconoce el artículo 41.1 de la CFDUE.

1.2. Equidad

La equidad no sólo se entiende implícita en la mención de la justicia del anteriormente referido artículo 11 del Código Europeo de Buena Conducta Administrativa, sino también en el artículo 6.2 del mismo Código, cuando señala que al adoptar decisiones, el funcionario respetará el justo equilibrio entre los intereses privados individuales y el interés público general. Las decisiones administrativas, por tanto, requieren de un juicio de ponderación de tales intereses. Sin embargo, la equidad en este ámbito no siempre es exactamente igualitaria, ya que debe ser interpretada habiendo asumido que el interés público general tiene reconocida preferencia sobre los intereses particulares que se encuentren en conflicto con él, ya que el mismo deriva de la ley, y se considera como un principio general del Derecho administrativo con base constitucional en el artículo 103.1 de la Constitución española[90].

En este sentido, la jurisprudencia del TJUE en el caso de la Sentencia del Tribunal General de Justicia de la Unión Europea (Sala Cuarta) de 12 de diciembre de 2018, dictada en el asunto T-283/17 se refirió al principio de proporcionalidad que el artículo 52 de la CDFUE impone, al establecer en su número 1 que «Cualquier limitación del ejercicio de los derechos y libertades reconocidos por la presente Carta deberá ser establecida por la ley y respetar el contenido esencial de dichos derechos y libertades. Sólo se podrán introducir limitaciones,

---

90 ACOSTA, P., "El interés general como principio inspirador de las políticas públicas, Estudios y comentarios INAP", *Instituto Nacional de Administración Pública*, 2016.

respetando el principio de proporcionalidad, cuando sean necesarias y respondan efectivamente a objetivos de interés general reconocidos por la Unión o a la necesidad de protección de los derechos y libertades de los demás». Al respecto, la STJUE dictada en el asunto T-283/17 pone en relación la necesidad de ponderar los intereses concurrentes en cada caso como manifestación de la buena administración.

Concretamente, en el caso tratado en la referida STJUE que trata un asunto en el que la controversia se produce en materia funcionarial, se recuerda que, según reiterada jurisprudencia del mismo TJUE «el deber de asistencia y protección de la administración respecto de sus agentes, que refleja el equilibrio de los derechos y obligaciones recíprocos que el Estatuto ha creado en las relaciones entre la autoridad pública y los agentes del servicio público, y el principio de buena administración se unen para imponer a la autoridad jerárquica, cuando resuelve sobre la situación de un funcionario, tener en cuenta no solo el interés del servicio, sino también el del funcionario interesado», así resulta, entre otras de la STJUE de 7 de marzo de 2007 en el caso Sequeira Wandschneider/Comisión, T-110/04, apartados 184 y 185 (EU:T:2007:78), y en la STJUE de 13 de noviembre de 2014, en el caso De Loecker/SEAE, F-78/13, apartado 76 (EU:F:2014:246).

1.3. Plazo de tramitación razonable

El derecho a que se tramite el procedimiento en un plazo razonable tiene relación con el principio de eficacia. Concretamente, se desarrolla en el artículo 17 del Código Europeo de Buena Conducta Administrativa, que delimita este concepto, imponiendo al funcionario la obligación de garantizar una decisión sobre toda solicitud o reclamación dirigida a una Institución europea, que se adopte en un plazo razonable, sin demora y, en todo caso, antes de un período de dos meses a partir de la fecha de recepción, que es el plazo para resolver que fija este artículo en relación con los procedimientos que se tramitan por los órganos administrativos de la Unión Europea. Esta misma norma se aplica también a otro tipo de respuestas, ya sean cartas del público, o respuestas a notas administrativas que el funcionario haya enviado a sus superiores solicitando instrucciones relativas a las decisiones que se han de tomar. A pesar de todo, este plazo es ampliable cuando la complejidad de la solicitud o reclamación haga insuficiente el plazo de dos meses, debiendo ser comunicado al interesado o al funcionario que solicita las instrucciones, según los casos, a la mayor brevedad posible. Si se amplía el plazo, no se establece una limitación concreta de la ampliación, sin embargo, sí se determina que deberá comunicarse al autor de la solicitud o reclamación una decisión definitiva en el plazo más breve posible.

1.4. Derecho a ser oído

El derecho a ser oído se recoge expresamente en el artículo 41.2 de la CDFUE en relación con los casos en que se vaya a adoptar una medida individual que afecte desfavorablemente al ciudadano. Este derecho viene a ser desarrollado en el artículo 16 del Código Europeo de Buena Conducta Administrativa, que lo vincula con el derecho de defensa del ciudadano, el cual debe ser respetado en todas las fases del proceso de toma de decisiones, garantizando este derecho en todas las fases del procedimiento. Este derecho se extiende a la fase anterior a adoptarse una decisión, en lo que afecte a sus derechos o intereses, haciendo factible que se presenten observaciones por escrito y, en caso necesario, a presentar observaciones orales, con anterioridad a la adopción de la decisión. Este derecho es manifestación indubitada del principio de contradicción, y encuentra reflejo en los trámites de audiencia y de alegaciones que se observan en el procedimiento administrativo. Al respecto, se echa de menos en el derecho de la Unión Europea de la existencia de una regulación común y general sobre procedimiento administrativo, máxime cuando la estructura institucional de la Unión Europea es, precisamente, una estructura organizativa administrativa, aunque hubo un proyecto cuyo objeto fue la codificación del derecho administrativo europeo a este efecto[91].

1.5. Derecho de acceso

El artículo 41.2.b de la CDFUE regula el derecho del ciudadano a acceder al expediente que le afecte, dentro del respeto de los intereses legítimos de la confidencialidad y del secreto profesional y comercial. Este derecho de acceso es una manifestación de la transparencia administrativa que se reconoce, de forma general, a todos los ciudadanos en relación con toda la información administrativa (aunque con ciertos límites). La transparencia administrativa, al permitir conocer los pormenores de la actuación administrativa en diversos ámbitos, es una manifestación de la buena administración, y como tal, es indicativo de un mayor grado del funcionamiento democrático de las instituciones, ya que permite a los ciudadanos tener un papel mucho más activo respecto de las cuestiones públicas[92], y es

---

91 MIR, HOFMANN, SCHNEIDER, y ZILLER (Dirs.), *Código ReNEUAL de procedimiento administrativo de la Unión Europea* / dirigido por Oriol Mir, 1ª ed., Madrid, Instituto Nacional de Administración Pública, 2015, 354 p.

92 ÁVILA RODRÍGUEZ, C.M., "El derecho ciudadano a una Buena Administración", in Gutiérrez Rodríguez F.J. (Dir.), *El derecho de la ciudadanía a una Buena Administración. La Administración Electrónica,* Diputación de Málaga, Málaga, 2009 p. 31; JEGOUZO, I., "El derecho a la transparencia administrativa: el acceso de los administrados a los documentos administrativos", *Documentación Administrativa / n.° 239 (julio-septiembre 1994),* Instituto Nacional de Administración Pública, Madrid, 1994, p. 12.

una herramienta para controlar las resoluciones arbitrarias[93], siendo considerado un requerimiento de buena gobernanza, elevado al grado de Derecho Fundamental de los ciudadanos en el artículo 41 de la Carta de Derechos Fundamentales de la Unión Europea.

Es destacable que en los últimos años a nivel mundial se haya alcanzado cierto consenso acerca de la naturaleza *iusfundamental* del derecho de acceso a la información pública, con la correspondiente vinculación al legislador, y que en algunos países se vincula con el derecho fundamental a la información, y en otros como derecho autónomo[94].

Uno de los límites del derecho de acceso que mayor desarrollo ha alcanzado en los últimos años es la derivada de la protección de datos de carácter personal, que debe ser compatibilizada con este derecho de acceso mediante la debida ponderación de los principios que deben regir el tratamiento de datos personales, y que regula en el ámbito de la Unión Europea el Reglamento UE 2016/679 del Parlamento Europeo y del Consejo, de 27 de abril de 2016 relativo a la protección de las personas físicas en lo que respecta al tratamiento de datos personales y a la libre circulación de estos datos y por el que se deroga la Directiva 95/46/CE (Reglamento general de protección de datos -en adelante, RGPD-). En cuanto a su consideración como límite, cabe decir que, ésta no está admitida

---

93 GIMENO FELIU, J.M., "La transposición de las directivas de contratación pública en España: una primera valoración de sus principales novedades", *Documentación Administrativa, Nueva Época – Nº 4, Enero-Diciembre 2017*, Instituto Nacional de Administración Pública, Madrid, 2017, p. 10.

94 GUICHOT REINA, E., "Derecho de acceso a la información pública", en GAMERO CASADO, E. (dir.), *Tratado de procedimiento administrativo común y régimen jurídico básico del sector público*, Tirant lo Blanch, Valencia, 2017, p. 542.

uniformemente por la doctrina, ya que para algunos autores la protección de datos personales actúa como un auténtico límite de dicha transparencia, mientras que, para otros autores, es una garantía de la autonomía de los ciudadanos frente al poder público[95].

De este modo, en su aplicación, el interesado podrá acceder al expediente administrativo que le afecte, pero si hubiera en él datos personales de otras personas cuyo tratamiento debiera de ser limitado de conformidad con la regulación sobre protección de datos personales, ese acceso podría verse limitado. En este caso es fundamental que se atienda el criterio de interés legítimo, que determina la medida en que se puede acceder a dicha información sin contar con el consentimiento del interesado. Al respecto, el Considerando 47 del RGPD determina que «la existencia de un interés legítimo requeriría una evaluación meticulosa, inclusive si un interesado puede prever de forma razonable, en el momento y en el contexto de la recogida de datos personales, que pueda producirse el tratamiento con tal fin. En particular, los intereses y los derechos fundamentales del interesado podrían prevalecer sobre los intereses del responsable del tratamiento cuando se proceda al tratamiento de los datos personales en circunstancias en las que el interesado no espere razonablemente que se realice un tratamiento ulterior».

De ello es consecuencia, que la ponderación de los intereses en conflicto deba ser muy minuciosa[96], ya que a ambos se

---

95 ARENA, G., "La transparencia administrativa", *Documentación Administrativa / n.° 248-249 (mayo-diciembre 1997)*, Instituto Nacional de Administración Pública, Madrid, 1997, p. 397.

96 Diversos autores han puesto de relieve la confrontación de ambos derechos, entre ellos: PIÑAR MAÑAS, J.L. (dir.), *Transparencia, acceso a la información y protección de datos*, Ed. Reus, Madrid, 2014; y GUICHOT REINA, E., "Acceso a la información en poder de la

les reconoce en el plano de la Unión Europea carácter fundamental. En este sentido, la protección de datos personales está vinculada con el Derecho Fundamental a la intimidad personal y familiar, reconocido como tal en todas las Constituciones europeas y en la Declaración Universal de Derechos Humanos, en el artículo 12 de la Declaración Universal de Derechos Humanos, al declarar que «Nadie será objeto de injerencias arbitrarias en su vida privada, su familia, su domicilio o su correspondencia, ni de ataques a su honra o a su reputación», al igual que en el artículo 7 de la CDFUE, que reconoce el Derecho Fundamental a la intimidad personal y familiar. Además, la protección de datos personales, está reconocido como un Derecho Fundamental autónomo en el artículo 8 de la CDFUE[97]. El vínculo con el artículo 12 de la Declaración Universal de Derechos Humanos ha sido aplicada por diversos Estados con la finalidad de fundamentar algunas regulaciones sobre la autodeterminación informativa (como es el denominado, *habeas data*), como lo hicieron Suecia y Alemania[98]. Mientras, otros Estados Europeos, han fundamentado su regulación a la protección de datos directamente en el derecho a la intimidad, como Holanda y Finlandia[99].

Administración y protección de datos personales", en *Revista de Administración Pública, núm. 173*, Ed. Instituto Nacional de Administración Pública, Madrid, 2007.

97 RODOTÀ, S., "Democracia y protección de datos", *Cuadernos de Derecho Público, núms. 19-20 (mayo-diciembre 2003)*, Instituto Nacional de Administración Pública, Madrid, 2003, p. 17.

98 RIBAGORDA GARNACHO, A., "La protección de datos personales y la seguridad de la información", *Revista Jurídica de Castilla y León, n.º 16, septiembre 2008*, Junta de Castilla y León, León, 2008, p. 377.

99 TRONCOSO REIGADA, A., "La protección de datos personales. Una reflexión crítica de la jurisprudencia constitucional", *Cuadernos de Derecho Público, núms. 19-20 (mayo-diciembre 2003)*, Instituto Nacional de Administración Pública, Madrid, 2003, p.235.

Por otro lado, el acceso a los registros públicos, como manifestación de la transparencia administrativa, forma parte del derecho a la buena administración, también reconocido como un Derecho Fundamental en el artículo 41.2 de la CDFUE.

Como consecuencia de todo ello, los derechos incluidos en la misma deben ser considerados Derechos fundamentales en el sistema legal de la Unión Europea y en el de cada uno de los Estados miembros cuando apliquen derecho europeo. Como tales, además, son aplicados como principios del derecho de la Unión Europea, como declaró la Sentencia del Tribunal de Justicia de la Unión Europea de 6 de marzo de 2001, dictada en el caso C-274/99[100]. Al considerarse principios del derecho de la Unión Europea, pueden ser citados ante los juzgados y tribunales de todos los Estados miembros[101], lo que produce una acción integradora y homogeneizadora de los derechos nacionales de los mismos.

Al respecto debe ser tenida en cuenta la incidencia que la aplicación en las nuevas tecnologías puede causar en la protección de tales derechos, puesto que los medios telemáticos y electrónicos hacen más accesible todo tipo de información, así como facilitan el cumplimiento de ciertos deberes de transparencia por parte del sector público, incluso se han habilitado medios electrónicos para que las Administraciones y los ciudadanos se comuniquen[102]. Pero ello aumenta el riesgo de

---

100 PIÑAR MAÑAS, J.L., "El derecho a la protección de datos de carácter personal en la jurisprudencia del Tribunal de Justicia de las Comunidades Europeas", *Cuadernos de Derecho Público, núms. 19-20 (mayo-diciembre 2003),* Instituto Nacional de Administración Pública, Madrid, 2003, p. 55.

101 MEILÁN GIL, J.L., "La buena administración como institución jurídica", en *Revista Andaluza de Administración Pública, núm. 87,* Sevilla, 2013, p. 14.

102 ACED FÉLEZ, E., *Protección de Datos y e-Administración,* Agencia de Protección de Datos de la Comunidad de Madrid, Madrid, 2008, p.1.

mostrar, difundir, o comunicar datos protegidos, como bien se ha puesto de relieve el Considerando número 8 de la Directiva (UE) 2019/1024 del Parlamento Europeo y del Consejo de 20 de junio de 2019 relativa a los datos abiertos y la reutilización de la información del sector público, que modifica sustancialmente la anterior Directiva 2003/98/CE del Parlamento Europeo y del Consejo[103].

El incremento del riesgo a difundir datos protegidos requiere una adecuada regulación de su gestión, y la delimitación de los casos en que su difusión o comunicación está justificada, siendo esta una de las cuestiones que ha generado una preocupación creciente en los últimos años. Esta preocupación ha sido recogida en diferentes textos e instrumentos jurídicos de la Unión Europea, entre ellos, el Dictamen del Comité Económico y Social Europeo sobre «La revolución digital teniendo en cuenta las necesidades y los derechos de los ciudadanos»,

---

103 En este sentido, el referido Considerando 8 de la Directiva (UE) 2019/1024 del Parlamento Europeo y del Consejo de 20 de junio de 2019, fundamenta la necesidad de regular la gestión de datos por el sector público del siguiente modo «El sector público de los Estados miembros recoge, produce, reproduce y difunde una amplia gama de información en numerosos ámbitos de actividad, como el social, político, económico, jurídico, geográfico, medioambiental, meteorológico, sísmico, turístico, empresarial, educativo y de las patentes. Los documentos elaborados por los organismos del sector público de carácter ejecutivo, legislativo o judicial constituyen un conjunto amplio, diverso y valioso de recursos que pueden beneficiar a la sociedad. Ofrecer esta información, que incluye los datos dinámicos, en un formato electrónico de uso habitual permite que los ciudadanos y las personas jurídicas hallen nuevas formas de utilizarla y creen productos y servicios nuevos e innovadores. Los Estados miembros y los organismos del sector público pueden beneficiarse y recibir un apoyo financiero adecuado de los fondos y programas de la Unión pertinentes, garantizando un uso generalizado de las tecnologías digitales o la transformación digital de las administraciones públicas y los servicios públicos en su empeño por facilitar la reutilización de los datos».

número 2019/C 190/03, que pone de relieve los riesgos más relevantes derivados de la digitalización en los ámbitos de la autonomía, la responsabilidad, la seguridad, la dignidad y la privacidad personal. Las consecuencias, desde el punto de vista normativo, de esta ingente preocupación, son palpables en la regulación sectorial de diversas materias, y en otras normas generales como el Reglamento (UE) 2019/881 del Parlamento Europeo y del Consejo de 17 de abril de 2019 relativo a ENISA (Agencia de la Unión Europea para la Ciberseguridad) y a la certificación de la ciberseguridad de las tecnologías de la información y la comunicación y por el que se deroga el Reglamento (UE) n. 526/2013 («Reglamento sobre la Ciberseguridad»), y como la Directiva (UE) 2019/1024 del Parlamento Europeo y del Consejo de 20 de junio de 2019 relativa a los datos abiertos y la reutilización de la información del sector público. Más recientemente, el Reglamento de Inteligencia Artificial (UE) 2024/1689 del Parlamento Europeo y del Consejo, de 13 de junio de 2024, por el que se establecen normas armonizadas en materia de inteligencia artificial y por el que se modifica el Reglamento (CE) n. 300/2008, Reglamento (UE) n. 167/2013, Reglamento (UE) n. 168/2013, Reglamento (UE) 2018/858, Reglamento (UE) 2018/1139, Reglamento (UE) 2019/2144, Directiva (UE) 2014/90, Directiva (UE) 2016/797, y Directiva (UE) 2020/1828, contempla expresamente las consecuencias del uso de sistemas de Inteligencia Artificial y su posible impacto en la desprotección de los derechos de los ciudadanos en diversos ámbitos, siendo uno de los más relevantes a este efecto, el de la protección de datos personales, por su relación con el derecho a la intimidad, debiendo aplicarse los principios de minimización de datos y de protección de datos desde el diseño de los sistemas de Inteligencia Artificial. Todas estas normas convergen con las normas reguladoras de la protección de datos personales, y deben ser tenidas en cuenta en la aplicación de su normativa específica.

Un factor que debe ser considerado para mejorar la actual protección de datos de los ciudadanos es el de informarles sobre cómo defender su derecho frente a las Administraciones, para exigir, el respeto a sus derechos, cuando proceda, lo que implica un conocimiento de los límites de tal derecho[104], de los casos en que éste cede frente a la transparencia administrativa en sus diversas manifestaciones, y de los mecanismos para reclamar tal respeto, lo que requiere una progresiva toma de conciencia del carácter fundamental del Derecho a la protección de datos personales[105].

1.6. Motivación

La motivación es fundamental para evitar decisiones arbitrarias. El artículo 41.3 de la CDFUE se refiere expresamente a este derecho, que relaciona el artículo 5 del Código Europeo de Buena Conducta Administrativa con la transparencia.

En relación con la extensión de tal motivación, la STJUE (Sala Sexta) de 8 de mayo de 2019, en el asunto C-230/18, que tenía por objeto resolver una petición de decisión prejudicial planteada, con arreglo al artículo 267 TFUE, por el Landesverwaltungsgericht Tirol (Tribunal Regional de lo Contencioso-Administrativo de Tirol, Austria), mediante resolución de 27 de marzo de 2018, partió de la base de que el derecho a una buena administración encierra la obligación para la Ad-

---

104 CERVERA NAVAS, L., "El modelo europeo de protección de datos de carácter personal", *Cuadernos de Derecho Público, núms. 19-20 (mayo-diciembre 2003),* Instituto Nacional de Administración Pública, Madrid, 2003, p. 142.

105 CALVO ROJAS, E., "Algunas consideraciones sobre el procedimiento sancionador en el ámbito de la protección de datos personales", *Cuadernos de Derecho Público, núms. 19-20 (mayo-diciembre 2003),* Instituto Nacional de Administración Pública, Madrid, 2003, p. 230.

ministración de motivar sus decisiones[106]. Tal obligación que incumbe a la Administración debe cumplirse de forma suficientemente específica y concreta para que el interesado pueda comprender las razones de la denegación que se opone a su solicitud, siendo realmente esta extensión, el corolario del principio del respeto del derecho de defensa, como también recogieron, la STJUE de 22 de noviembre de 2012, en el caso C-277/11, apartado 88 (EU:C:2012:744), y STJUE de 11 de diciembre de 2014, en el caso Boudjlida, C-249/13, apartado 38 (EU:C:2014:2431).

Sin embargo, el considerando 58 de la STJUE (Sala Sexta) de 8 de mayo de 2019, en el asunto C-230/18, valoró conjuntamente el artículo 49 del TFUE, y los artículos 15 (apartado 2), 16, 47 y 52 de la CDFUE sobre el principio general del derecho a una buena administración en lo referente a la necesidad de motivación, y consideró ajustada al principio de buena administración la adopción de decisiones administrativas con efectos inmediatos cuando se trata de casos en los que la Administración verifica la inexistencia de la preceptiva autorización administrativa para ejercer determinada actividad. Por ejemplo, en este caso, según el TJUE, la decisión por la que se acordó el cierre de un establecimiento comercial con efecto inmediato se ajustó a la buena administración, según el TJUE, dependiendo de lo previsto en la legislación nacional aplicable al caso, ya que la legislación nacional no exigía, en ese caso en concreto, que tal decisión incluyera una motivación fáctica y jurídica por escrito que se comunicase a su destinatario. Si no se especifica en el derecho aplicable la extensión de la motivación, la decisión se considera ajustada al principio de buena administración de la forma indicada por el TJUE. Sin embargo, la remisión a la ley reguladora del acto administrativo para

---

[106] En este sentido, la STJUE de 17 de julio de 2014, en el caso YS y otros, C-141/12 yC-372/12, apartado 68 (EU:C:2014:2081).

configurar la extensión de esta dimensión de la buena administración, no parece del todo acertada, ya que sería deseable que siempre se deba incluir un mínimo de motivación cuando se trate de actos desfavorables, como lo es el cierre de una actividad comercial, económica o profesional.

Por su parte la STJUE de 30 de marzo de 2022, de la Corte General -Cuarta Cámara, composición extendida-, en el Caso T-323/17, asunto Martinair Holland NV contra la Comisión Europea, en su párrafo 238, matizó la extensión de la obligación de motivar, considerando que las Instituciones y administraciones europeas no tienen obligación de fundamentar su decisión especificando las razones por las que no se adoptan otras decisiones, es decir, la obligación de motivar funciona en un sentido de fundamentar sus decisiones y las medidas adoptadas, pero no justificar por qué no se adoptan otras, lo que tiene especial trascendencia cuando se trata del ejercicio de potestades discrecionales. Este criterio fue también adoptado anteriormente en otros casos, como el de la STJUE de 8 de julio de 2004, en el caso JFE Engineering contra la Comisión Europea, en los asuntos T-67/00, T-68/00, T-71/00 and T-78/00, párrafo 414 (EU:T:2004:221).

Desde la perspectiva de los casos que llegan a ser catalogados como mala administración por parte del Defensor del Pueblo, por adolecer de la motivación suficiente, el *Informe sobre la buena administración en la práctica: decisiones del Defensor del Pueblo Europeo durante 2013,* aclaró que durante la intervención del Defensor del Pueblo tras recibir una reclamación basada en la falta de motivación de las decisiones administrativas, si la falta de motivación se remedia durante la investigación, el Defensor del Pueblo suele cerrar la investigación sin decidir que es un caso de mala administración (como ocurrió en los casos, Asuntos 846/2010/PB y 48/2012/MHZ). Todo ello se debe a la aplicación del criterio por el que la falta de motivación, aunque es un defecto relevante, no significa necesariamente que la Administración de la Unión Europea no haya valorado adecuadamente una reclamación recibida, y que la decisión sea arbitraria, como determinó el mismo Defensor del Pueblo en el asunto 48/2012/MHZ.

1.7. Derecho a ser indemnizado

El derecho a la reparación por la Comunidad de los daños causados por las Instituciones o sus agentes en el ejercicio de sus funciones, de conformidad con los principios generales comunes a los Derechos de los Estados miembros, es otro de los derechos que forman parte del derecho fundamental a la buena administración. Este derecho ha dado lugar a un amplio desarrollo jurisprudencial por parte del TJUE.

Sin embargo, el desarrollo de la faceta de la institución de la responsabilidad patrimonial alcanza otras dimensiones en pro de la buena administración, desde el momento en que el incumplimiento del Derecho europeo por parte de las Administraciones de los Estados miembros, también debe formar parte de la extensión de este Derecho ciudadano a la buena administración en cuanto que, por aplicación el artículo 51 de la CDFUE , tal derecho tiene carácter de fundamental cuando se trata de la aplicación (o inaplicación) del derecho de la Unión Europea por parte de los Estados miembros.

En relación con esta cuestión, el mismo TJUE ha contribuido enormemente a la configuración de tal responsabilidad en las Administraciones de los Estados miembros, incluso en la posibilidad de que se derive responsabilidad del Estado legislador ante la ausencia de trasposición o defectuosa trasposición del referido derecho de la UE al Derecho interno. En relación con ello, se han desarrollado dos elementos clave: el primero es la delimitación del principio de efectividad, y el segundo es la configuración del elemento de la infracción suficientemente caracterizada del ordenamiento jurídico, para derivar tal responsabilidad.

En relación con el principio de efectividad se deben tener en cuenta las regulaciones nacionales de los Estados miembros para obtener tal resarcimiento ante el incumplimiento del Estado legislador o de las Administraciones nacionales en la incorporación normativa o en la aplicación del Derecho de la UE. Particularmente, en España, la responsabilidad del Estado legislador por falta de incorporación debidamente del Derecho de la Unión Europea, se introdujo en la Ley 40/2015, en su artículo 32.3. Sin embargo, esta regulación se ha puesto en tela de juicio por parte de las Instituciones europeas, ya que en junio de 2017, la Comisión inició un procedimiento de infracción contra el Reino de España, con número INFR(2017)4004. En el mismo, se envió un emplazamiento a España para que presentara observaciones sobre una posible incompatibilidad de los artículos 32 y 34 de la LRJSP con el principio de efectividad, entre otros. En enero de 2018 la Comisión emitió un dictamen motivado, considerando que existía incompatibilidad en la regulación española con los principios de efectividad y equivalencia. En relación con la inobservancia del principio de equivalencia, ocurre que la actual redacción del artículo 32.5 de la Ley 40/2015 establece una serie de requisitos adicionales para la reclamación por incumplimiento del Derecho comunitario, frente a lo que sucede con los requisitos para ser resarcido en caso de que una norma sea declarada inconstitucional, que prevé el artículo 32.6 de la Ley 40/2015. En lo referente a la posible inobservancia del principio de efectividad, se considera que el ordenamiento español exige algunos requisitos que dificultan el acceso a la reparación por la vía de la responsabilidad patrimonial por un incumplimiento del Derecho de la Unión Europea por parte del Estado legislador español.

Concretamente, el derecho español exige, en primer lugar, que exista una previa declaración de incumplimiento del Derecho comunitario por parte de una STJUE. Esta declaración no debe producirse necesariamente en un procedimiento que verse sobre tal incumplimiento, basta cualquier resolución del

TJUE, aunque el procedimiento se refiera a otras cuestiones, siempre que quede declarada tal incompatibilidad entre la normativa nacional y la comunitaria. Sin embargo, el Abogado General del TJUE en el caso INFR(2017)4004, consideró que la jurisprudencia del TJUE no permite supeditar la indemnización por la vía de la responsabilidad patrimonial, a la declaración previa de la existencia de una violación normativa por el TJUE. En consecuencia, el precepto de la Ley 40/2015, aparentemente sería contrario al Derecho de la UE.

En segundo lugar, se requiere que el derecho nacional no adaptado haya dado lugar a una sentencia firme desestimatoria en un recurso contra la actuación causante del perjuicio. Al respecto, la Comisión europea considera incompatibles con el principio de efectividad los casos en que ejercer esta vía de recurso pudiera ser excesivamente dificultoso o imposible, o en aquellos en los que el daño proviene no de un acto de aplicación, sino de la propia norma. España, por el contrario, no lo ha considerado así en sus alegaciones sobre la base de la seguridad jurídica, ya que este requisito exige únicamente una sentencia firme, no el agotamiento de todas las vías de recurso. A pesar de la postura de la Comisión al respecto, el Abogado General se alinea con la postura de España en este punto. Ya que es regla general, en los principios del Derecho de los Estados miembros, que el perjudicado haya debido adoptar las acciones que le podían corresponder en plazo y de forma diligente, para tratar de reducir el perjuicio. En general, en los demás Estados miembros, igual que ocurre en España, la responsabilidad patrimonial de las Administraciones tiene carácter subsidiario, una vez agotadas otras vías de recurso que los ordenamientos ofrezcan al interesado. Sin embargo, se deben tener en cuenta algunas situaciones especiales, ya que, por ejemplo, «resulta manifiesto que no cabe razonablemente exigir a un particular la interposición de un recurso contra un acto inexistente (…) cuando es la ley la que causa directamente el daño», y ello porque «ese requisito tiene por efecto en realidad impedir el ejercicio de cualquier acción de responsabilidad patrimonial del Estado legislador»[107], y por ello, esta situación, resta efectividad al derecho a ser indemnizado.

En tercer lugar, el derecho español requiere la alegación previa, por parte del perjudicado, de la existencia de una infracción del Derecho de la Unión Europea. La Comisión Europea consideró que este requisito era incompatible con el principio de efectividad porque los tribunales sólo pueden inaplicar las disposiciones nacionales, e invocar las comunitarias, cuando estas últimas gocen de efecto directo. El Abogado General, en relación con este requisito, se pronunció también en el sentido de no considerarlo acorde con el principio de efectividad al considerar que corresponde al Estado «garantizar la conformidad de su Derecho con el Derecho de la Unión y al juez nacional aplicar las disposiciones del Derecho de la Unión»[108].

Finalmente, la inadecuación de esta regulación española al Derecho de la Unión Europea, se pone en relación con el principio de equivalencia, en relación con el plazo de prescripción y la limitación del daño indemnizable. Aunque la figura de la prescripción es común a muchas tradiciones jurídicas, y tiene una relación estrecha con la seguridad jurídica, al consolidar en Derecho situaciones de hecho, cuando el interesado no ejerce su derecho dentro del plazo previsto en la regulación correspondiente, dicha situación deviene firme. En relación con ello, se plantea la compatibilidad de este requisito con el principio de equivalencia.

El principio de efectividad, en relación con la posibilidad de acceder al derecho a ser indemnizado de los perjuicios

---

107 Conclusiones del Abogado General, asunto C-278/20, Comisión c. España.

108 *Íbidem.*

sufridos por las actuaciones administrativas, es un principio que incide en la configuración del acceso a la reparación del perjuicio, y al que se refirió la STJUE (Sala Tercera) de 10 de marzo de 2022, en el asunto C-177/20, en el caso «Grossmania» Mezőgazdasági Termelő és Szolgáltató Kft. y Vas Megyei Kormányhivatal (ECLI:EU:C:2022:175). Esta sentencia aclaró que, en lo que respecta al principio de efectividad, debe destacarse que la jurisprudencia del TJUE se ha pronunciado al respecto determinando que, si se plantea la cuestión de si una disposición nacional hace imposible o excesivamente difícil la aplicación del Derecho de la Unión, debe analizarse teniendo en cuenta el lugar que ocupa dicha disposición dentro del conjunto del procedimiento y el desarrollo y las peculiaridades de este ante las diversas instancias nacionales. Desde esta perspectiva, procede tomar en consideración, en su caso, a los principios en los que se basa el sistema judicial nacional, como la protección del derecho de defensa, el principio de seguridad jurídica y el buen desarrollo del procedimiento[109].

No obstante la disconformidad de España con las razones esgrimidas para fundamentar la inadecuación de esta regulación al Derecho de la UE, España formuló a finales de 2018, un proyecto legislativo acogiendo las exigencias de la Comisión en la regulación de esta institución, para adaptarla a los requerimientos del Derecho de la Unión Europea, ya que las conclusiones del Abogado General en este asunto, reflejaron que algunos principios como el de efectividad, no eran cumplidos en el actual sistema de responsabilidad del Estado español por infracción del Derecho comunitario, al existir ciertas dificultades para acceder a la reparación de los daños por este concepto.

---

109 En este sentido, también encontramos la STJUE de 20 de mayo de 2021, X, en el caso sobre Vehículos cisterna de GLP, C-120/19, apartado 72 (EU:C:2021:398).

A pesar de todo, la Comisión europea interpuso ante el TJUE, al amparo del artículo 258 del TFUE, un recurso contra el Reino de España por incumplimiento de las obligaciones que le incumben en base a los principios de efectividad y de equivalencia, dando lugar al asunto C-278/20 resuelto por la STJUE de 28 de junio de 2022, que efectivamente ratifica el incumplimiento que esgrimía la Comisión europea. Fundamentalmente, el TJUE se basa en que el artículo 32, apartado 5, de la Ley 40/2015 establece que, si la lesión es consecuencia de la aplicación de una norma declarada contraria al Derecho de la Unión, procederá su indemnización cuando el particular haya obtenido, en cualquier instancia, sentencia firme desestimatoria de un recurso contra la actuación administrativa que ocasionó el daño, siempre que se hubiera alegado la infracción del Derecho de la Unión Europea posteriormente declarada, a condición de que se cumplan los requisitos que se mencionan en las letras a) a c) de dicha disposición, que exigen que:

a) La norma ha de tener por objeto conferir derechos a los particulares.

b) El incumplimiento ha de estar suficientemente caracterizado.

c) Ha de existir una relación de causalidad directa entre el incumplimiento de la obligación impuesta a la Administración responsable por el Derecho de la Unión Europea y el daño sufrido por los particulares.

En relación con la configuración del elemento de la infracción suficientemente caracterizada del ordenamiento jurídico, para derivar tal responsabilidad que viene siendo exigido por el Derecho de la Unión Europea, se requiere que tal violación normativa constituya una «inobservancia manifiesta y grave», debiéndose tener en cuenta, entre otros, «el grado de claridad y precisión de la norma vulnerada, la amplitud del margen de apreciación (...) el carácter intencional o involuntario»[110]. En cualquier caso, se cumplirá este requisito cuando se mantiene la violación tras haberse pronunciado una sentencia que así lo declare.

De este modo, el Tribunal de Justicia ya había declarado que supeditar la reparación, por un Estado miembro, del daño que haya causado a un particular al infringir el Derecho de la Unión a la exigencia de una declaración previa, por parte del Tribunal de Justicia, de un incumplimiento del Derecho de la Unión imputable a dicho Estado miembro es contrario al principio de efectividad de este Derecho (véase, en este sentido, la sentencia de 5 de marzo de 1996, Brasserie du pêcheur y Factortame, C-46/93 y C-48/93, EU:C:1996:79, apartado 95). Por ello, el Tribunal de Justicia considera que la reparación del daño causado por una infracción del Derecho de la Unión imputable a un Estado miembro no puede estar subordinada al requisito de que una sentencia dictada por el Tribunal de Justicia con carácter prejudicial declare la existencia de tal infracción (sentencia de 26 de enero de 2010, Transportes Urbanos y Servicios Generales, C-118/08, EU:C:2010:39, apartado 38 y jurisprudencia citada).

Se impone ahora una reforma de la regulación de la responsabilidad del Estado legislador en España para corregir los defectos detectados, siendo ello consecuencia de los requerimientos de la buena administración, puesto que reconocer el derecho a ser resarcido por incumplimiento de la normativa europea y que la regulación existente no facilite el acceso a tal indemnización, hace inoperativo el reconocimiento de tal de-

---

110 Así, se recogió por la STJUE de 5 de marzo de 1996, en los asuntos acumulados C-46/93 y C-48/93, en el caso de Brasserie du Pêcheur SA contra República Federal de Alemania; y en el caso de la Reina con el Secretario de Estado de Transporte del Reino Unido, con participación de Factortame Ltd. y otros.

recho, y por tanto, al tratarse, en el fondo, de no poder ser resarcido por el incumplimiento de la normativa europea, se activan los artículos 41.3 en relación con 51, ambos de la CDFUE.

Al margen de lo anterior, debe también ser mencionada la contribución del acervo comunitario a la configuración de los elementos que permiten exigir tal reparación en ámbitos donde el derecho no es individual, sino que se trata de un derecho colectivo y de carácter social, como ocurre con el derecho a un medioambiente adecuado. Concretamente, así ocurrió respecto a la responsabilidad medioambiental en relación con la prevención y reparación de daños medioambientales, que fueron objeto de las Conclusiones del Abogado general Sr. Michal Bobek, presentadas el 10 de enero de 2017, en el asunto C-529/15, Gert Folk contra Unabhängiger Verwaltungssenat für die Steiermark, que fue una petición de decisión prejudicial del Verwaltungsgerichtshof (Tribunal de lo Contencioso-Administrativo austriaco). En este caso, se avanzó en lo referente a la configuración del concepto de interesado para considerarle legitimado para reclamar por daños medioambientales, en relación con las previsiones de la Directiva 2004/35/CE, sobre responsabilidad medioambiental. El Abogado General en su conclusión número 79, destaca que, a falta de referencia al Derecho nacional, el concepto de personas «afectadas o que puedan verse afectadas» ha de ser interpretado de forma autónoma y uniforme en la Unión, teniendo en cuenta el contexto de la norma y el objetivo perseguido. Atendiendo al significado común de las palabras de este concepto, la palabra «afectadas» se define por referencia a una situación de hecho, de modo que se llega a la conclusión de que la condición de interesado en el procedimiento administrativo y la ulterior legitimación activa se deriva de una situación jurídica, que implica una vulneración de un derecho o de un interés suficiente en la toma de decisiones de las Instituciones europeas. El Tribunal de Justicia ha declarado que los órganos jurisdiccionales nacionales deben interpretar, en la medida de lo posible, el régimen de los requisitos necesarios para interponer un recurso administrativo o judicial de manera conforme tanto a los objetivos del artículo 9, apartado 3 del Convenio de Aarhus, como al objetivo de garantizar la tutela judicial efectiva de los derechos que confiere el ordenamiento jurídico de la Unión[111]. En este ámbito, la remisión a la legislación nacional para determinar en qué consiste la «vulneración de un derecho» faculta a los Estados miembros a introducir condiciones procesales y sustantivas a fin de definir ese concepto. Ahora bien, definir las condiciones es bastante distinto de establecer exclusiones en bloque de grandes grupos de personas cuyos derechos son especialmente susceptibles de ser vulnerados[112]. Sobre ello, la Comisión europea ha destacado que es necesario armonizar los derechos internos para eliminar restricciones indebidas a la consideración de interesado y a la capacidad procesal[113], en pro de una protección efectiva de los derechos medioambien-

---

[111] Conclusión 86 de las Conclusiones del Abogado general Sr. Michal Bobek, presentadas el 10 de enero de 2017, en el asunto C-529/15, Gert Folk contra Unabhängiger Verwaltungssenat für die Steiermark, petición de decisión prejudicial del Verwaltungsgerichtshof (Tribunal de lo Contencioso-Administrativo austriaco).

[112] Conclusión 95 de las Conclusiones del Abogado general Sr. Michal Bobek, presentadas el 10 de enero de 2017, en el asunto C-529/15, Gert Folk contra Unabhängiger Verwaltungssenat für die Steiermark, petición de decisión prejudicial del Verwaltungsgerichtshof (Tribunal de lo Contencioso-Administrativo austriaco).

[113] En este sentido, vid, las STJUE dictadas en los asuntos acumulados C-128/09 a C-131/09, C-134/09 y C-135/09, Boxus y otros, y asunto C-182/10.Solvay y otros/Région wallonne. 44 Asunto C-240/09, Lesoochranárske zoskupenie, ECLI:EU:C:2011:125, y asunto C-197/18 Wasserleitungsverband Nördliches Burgenland. Comisión Europea (2020), *Comunicación de la Comisión, al Parlamento Europeo, al Consejo, al Comité Económico y Social Europeo y al Comité de las Regiones denominada Mejorar el acceso a la justicia en materia de medio ambiente en la UE y sus Estados miembros,* Bruselas, 14.10.2020 COM(2020) 643 final, número 37.

tales como el agua, la naturaleza y la calidad del aire, que inciden en la lucha contra el cambio climático, como se deduce de la jurisprudencia del Tribunal de Justicia de la Unión Europea (Asunto C-240/09, en el caso Lesoochranárske zoskupenie, apartados 47-48 - ECLI:EU:C:2011:125-)[114].

1.8. Derecho a usar una de las lenguas de los Tratados y recibir contestación en esa misma lengua

El artículo 41.4 de la CDFUE recoge el derecho de toda persona podrá dirigirse a las instituciones de la Unión en una de las lenguas de los Tratados y deberá recibir una contestación en esa misma lengua. Este derecho se reconoce también a las personas jurídicas tales como las asociaciones (ONG) y las empresas, de conformidad con el artículo 13 del Código Europeo de Buena Conducta Administrativa. Sin embargo, la limitación del derecho a las lenguas de los Tratados se ha considerado insuficiente por parte del Defensor del Pueblo Europeo, para entenderse cumplido el derecho a la buena administración en este ámbito.

Es interesante cómo se ha puesto en relación este derecho con la transparencia administrativa. Precisamente, la transparencia entendida como el derecho a conocer y comprender qué sucede, encuentra en las lenguas de los Tratados su vehículo. El Defensor del Pueblo Europeo, en su *Informe sobre la buena administración en la práctica: decisiones del Defensor del Pueblo Europeo durante 2013*, recogió esta vinculación de la transparencia con el uso de las lenguas de los Tratados[115]. De tal relación se pone

---

114 COMISIÓN EUROPEA, *Comunicación de la Comisión, al...* COM(2020) 643 final, número 23, op. cit.

115 DEFENSOR DEL PUEBLO EUROPEO, en su *Informe sobre La buena administración en la práctica: decisiones del Defensor del Pueblo Europeo durante 2013*, p. 5.

de relieve que la transparencia permite a los ciudadanos examinar las actividades de las autoridades públicas, evaluar su actuación y pedirles cuentas. Así, la apertura y el acceso del público a los documentos forman parte esencial de los controles y contrapesos que arbitran el ejercicio del poder público y promueven la responsabilidad (en este sentido, se recogió en el asunto 1649/2012/RA)[116]. No basta con que la Administración de la UE diga que hace todo lo posible para que los ciudadanos confíen en ella, ya que los ciudadanos tienen derecho a ver y decidir por sí mismos si es así. En consecuencia, la apertura y la transparencia son elementos clave para ayudar a construir la confianza entre las Instituciones de la UE y los ciudadanos. Pero, para su eficacia, es decisiva la mejora de los aspectos lingüísticos.

El Informe de 2013 del Defensor del Pueblo Europeo destacó que en un entorno multilingüe como el de la Unión Europea, el derecho a conocer y comprender tiene también un aspecto lingüístico. La consecuencia es que, por lo que respecta a las comunicaciones de la Administración de la Unión Europea dirigidas a los ciudadanos en general, sería conveniente que el material destinado a tal fin se publicara en todas las lenguas oficiales, basándose en un criterio de eficacia de las comunicaciones. Sin embargo, puesto que en el Derecho de la Unión Europea no existe un principio general que confiera a todo ciudadano el derecho a disponer, en todas las circunstancias, de una versión en su lengua de todo aquello que pueda afectar a sus intereses, la buena administración exige que, en la medida de lo posible, la Administración de la Unión Europea proporcione a los ciudadanos información en su propia lengua. La Administración de la Unión Europea debe procurar que la página de inicio de sus sitios de Internet, así como la

---

[116] DEFENSOR DEL PUEBLO, *La buena administración en la práctica: decisiones del Defensor del Pueblo Europeo durante 2013*, Unión Europea, Bruselas, 2014, p. 5.

información sobre sus funciones y la política lingüística, esté disponible en las veinticuatro lenguas oficiales (a lo que se refirió también el Defensor del Pueblo europeo en el asunto 1363/2012/BEH)[117].

II. ELENCO DE DERECHOS SUBJETIVOS REPRESENTATIVOS DE LA BUENA ADMINISTRACIÓN EN EL DEBIDO PROCEDIMIENTO ADMINISTRATIVO ESPAÑOL

La buena administración entendida como elenco de derechos está ligada al conjunto de garantías que forman lo que podríamos denominar el debido procedimiento, es decir, todas aquellas reglas de tramitación que preservan la posición del ciudadano frente al poder público, compensando los privilegios administrativos que integran la autotutela administrativa. Aunque a menudo se relegan a un segundo plano las cuestiones formales o de procedimiento frente a las materiales, no son cuesitones baladí. De hecho, las infracciones procedimentales o «vicios de procedimiento»[118] permiten defender la nulidad de lo acordado -si los defectos implican la ausencia absoluta del procedimiento o de aquellos trámites del mismo que se consideren esenciales-, de acuerdo con el artículo 47.1.e) de la Ley 39/2015, o la anulabilidad de la decisión administrativa,

---

117 DEFENSOR DEL PUEBLO, *La buena administración en la práctica: decisiones del Defensor del Pueblo Europeo durante 2013*, Unión Europea, Bruselas, 2014, p. 5.

118 La expresión "vicios de procedimiento" es considerada por la doctrina científica como la que tiene hoy mayor virtud expresiva, haciendo referencia de forma generalizada a los vicios formales del acto administrativo. En este sentido, FERNÁNDEZ RODRÍGUEZ, T.R., *La nulidad de los actos administrativos*, Ed. OLejnik, Santiago de Chile, 2019, p. 57.

–si son defectos o infracciones de procedimiento que no impliquen su completa inexistencia-, de acuerdo con el artículo 48 de la Ley 39/2015.

Aunque la Constitución española no se refiera al derecho a la buena administración, como tal, lo cierto es que en ella se encuentran las bases que permiten desarrollar una caracterización del derecho a la buena administración en el derecho español, donde queda integrada por los siguientes derechos, que pasamos a tratar, considerando la extensión con la que se definen normativa y jurisprudencialmente.

2.1. El derecho a la imparcialidad de la autoridad o funcionario

El derecho a la imparcialidad en la tramitación de asuntos en el procedimiento administrativo español se garantiza mediante la regulación de la abstención y recusación que prevén los artículos 23 y 24 de la Ley 40/2015, de 1 de octubre, de Régimen Jurídico del Sector Público. La interpretación de este derecho en el ámbito del procedimiento administrativo ha sido aclarado por la STS 124/2017, de 12 de diciembre, Sala de lo Militar, Fundamento de Derecho Primero, considerando que la garantía de imparcialidad al procedimiento administrativo (en el caso de la sentencia, se refería al procedimiento disciplinario militar) no puede predicarse con la misma intensidad que rige en sede jurisdiccional y que lo que se reclama de quien interviene en dicho procedimiento como agente de la Administración, no es que actúe en la situación de imparcialidad personal y procesal que constitucionalmente se exige a los órganos judiciales cuando ejercen la jurisdicción, sino que lo haga con objetividad, es decir, desempeñando sus funciones en el procedimiento con desinterés personal.

A pesar de todo, en otro asunto, el Tribunal Constitucional matizó la amplitud de la imparcialidad y objetividad que se requiere en el procedimiento administrativo, considerando que deriva del hecho de que en vía administrativa, la Administración pública es parte interesada, y si bien actúa con imparcialidad y objetividad, debe ser fiel a los intereses generales que tiene encomendados, lo que da lugar a que la imparcialidad que se exige en este caso no sea tan absoluta como la que se exige en vía judicial cuando la resolución administrativa se somete al correspondiente control judicial. En este sentido, la STC 174/2005, de 4 de julio, declaró que por lo que se refiere específicamente a la garantía de imparcialidad, es uno de los elementos en que resulta necesario modular, en su proyección en el procedimiento administrativo sancionador –que era el que específicamente era objeto de la sentencia, pero ocurre lo mismo en todos los procedimientos administrativos de otras clases-, ya que «dicha garantía "no puede predicarse de la Administración sancionadora en el mismo sentido que respecto de los órganos judiciales" (STC 2/2003, de 16 de enero, FJ 10), pues, "sin perjuicio de la interdicción de toda arbitrariedad y de la posterior revisión judicial de la sanción, la estricta imparcialidad de independencia de los órganos del poder judicial no es, por esencia, predicable en la misma medida de un órgano administrativo"' (STC 14/1999, de 22 de febrero, FJ 4), concluyéndose de ello que la independencia e imparcialidad del juzgador, como exigencia del derecho a un proceso con todas las garantías, es una garantía característica del proceso judicial que no se extiende del mismo modo al procedimiento administrativo sancionador (STC 74/2004, de 22 de abril, FJ 5)». A pesar de todo, sí implica la objetividad del tramitador del procedimiento o de quien debe resolver en él, quedando así garantizada dicha imparcialidad, y supone el derecho de los interesados en el procedimiento administrativo a solicitar la exclusión de los agentes no imparciales[119], lo que puede hacerse a través del procedimiento de recusación.

Por otro lado, la posición mayoritaria asimila objetividad e imparcialidad en tanto en cuanto existe una correlación necesaria entre objetividad de la Administración e imparcialidad del funcionario, mientras que otros reconocen su autonomía conceptual y, consiguientemente, les confieren un preciso significado, y en este caso se considera que mientras la imparcialidad «se opone a la decisión singular determinada por la influencia de un interés particular, la objetividad coincide con el [concepto] de "buena administración"»[120]. En este sentido, la objetividad sería la representación en la buena administración de dicha imparcialidad del funcionario o autoridad actuante.

2.2. El derecho a la equidad

La equidad se reconoce en el derecho español como principio inspirador de las resoluciones judiciales, y en el procedimiento administrativo se introduce expresamente como límite de la revisión de actos administrativos en el artículo 110 de la Ley 39/2015, de 1 de octubre, del Procedimiento Administrativo Común de las Administraciones Públicas. De este modo, «Las facultades de revisión (...), no podrán ser ejercidas cuando por prescripción de acciones, por el tiempo transcurrido o por otras circunstancias, su ejercicio resulte contrario a la equidad, a la buena fe, al derecho de los particulares o a las leyes».

---

119 MIR PUIGPELAT, O., SCHNEIDER, J.P., et. Al., *Código ReNEUAL de procedimiento administrativo de la Unión Europea*, Ed. Instituto Nacional de Administración Pública, Madrid, 2015, p. 175.

120 GARCÍA COSTA, J.M., "Delimitación conceptual del principio de objetividad: objetividad, neutralidad e imparcialidad", en *Documentación Administrativa. Número 289*, Editado por Instituto Nacional de Administración Pública, Madrid, 2011, pp. 25 y 26.

Más allá de su consideración en relación con la revisión de los actos administrativos, no se incluye el principio de la equidad de forma expresa en la regulación del procedimiento administrativo porque la Administración debe observar rigurosamente el principio de legalidad en su actuación (artículo 9.3 y 103 de la Constitución española), lo que desplaza otros criterios valorativos e interpretativos en la mayoría de los casos.

La Sentencia del Tribunal Supremo, Sala Tercera, de lo Contencioso-Administrativo, de 27 de Abril de 2005, hace referencia a la revocación de las resoluciones administrativas, haciendo una interpretación de ello conforme a la equidad. Concretamente, el Tribunal Supremo considera que la equidad hace que la revocación de los actos restrictivos de derechos no tenga más límites que el interés general, ya que sólo éste ha de ser considerado. Por tanto, la revocación de los actos administrativos, cuando produce un resultado más favorable para el interesado, no tiene otro límite que el interés general, así lo ha reconocido constantemente la jurisprudencia, por ejemplo, en STS de 28 de enero de 1952. En esa misma línea la revocación de actos que han dejado de responder a un fundamento de interés general, por cualquier motivo, pueden ser revocados, en interés del particular, por considerar que aquella resolución carece de objeto y sólo perjudica al ciudadano. Así, se aplicó la equidad para fundamentar la revocación de una resolución que acordó inicialmente la expropiación de un bien del interesado, tras haberse dejado sin efecto la necesidad de la ocupación, porque en tal caso se evidenció que una actuación expropiatoria carece de objeto cuando por medio de la revocación del acto principal se deja sin contenido el expediente[121]. En definitiva, en este caso, la equidad sirvió para ponderar el

---

[121] Sentencia del Tribunal Supremo, Sala Tercera, de lo Contencioso-Administrativo, de 27 de Abril de 2005, número de recurso 5537/2001, Fundamento de Derecho Cuarto (ECLI: ES:TS:2005:2653)

interés general y el particular, que inicialmente estaban confrontados, y que, de entrada, había supuesto la prevalencia del interés general sobre el particular[122]. Sin embargo, la equidad tiene otros efectos, pues si en el expediente, posteriormente a ser emitida una resolución, se evidencia la desaparición del interés general, la equidad permite, bajo un criterio de buena administración, que se revoque la resolución adoptada en detrimento de los derechos del ciudadano, tras la desaparición del interés general prevalente.

2.3. *Derecho a que se tramite el procedimiento en plazo razonable*

La tramitación en plazo razonable supone que no se demore excesivamente la tramitación del procedimiento administrativo, ello implicaría la estricta observancia de los plazos legales previstos para ello. Sin embargo, ante la posibilidad de que lo planteado en el procedimiento no obtenga una resolución en plazo razonable, la ley ofrece un mecanismo para que, por disposición legal, el ciudadano pueda entender resuelto el expediente. Se trata del silencio administrativo, ya que, aunque la ley impone la obligación de resolver en todos los casos –ex artículo 21 Ley 39/2015–, si transcurrido el plazo previsto para que recaiga una resolución, no se ha emitido resolución expresa por el órgano administrativo, se debe entender resuelto en el sentido indicado en la ley, concretamente en los artículos 24 y 25 de la Ley 39/2015. El silencio administrativo no sólo supone la resolución tácita de las cuestiones planteadas en el procedimiento administrativo dentro de un plazo razonable que, con carácter general es de tres meses, pero que pueden

---

[122] En relación con la primacía del servicio público frente a intereses privados, vid. MARTÍNEZ MARÍN, A., *El buen funcionamiento de los servicios públicos, los principios de continuidad y de regularidad*, Tecnos, Madrid, 1990, pp. 26 y siguientes.

ser hasta seis meses en caso de que exista una norma especial que contemple un plazo diferente, el cual no podrá exceder ese límite, sino que también otorga seguridad jurídica, ya que la Administración no puede variar el sentido de la resolución tácita en perjuicio del ciudadano, resolviendo después en otro sentido, y si lo considera necesario, tendrá que recurrirla a través de un procedimiento de declaración de lesividad o iniciar un procedimiento de revisión de oficio que incluirá trámites que garanticen la contradicción del interesado, según los casos. En este sentido, las SSTS, Sala Tercera, de lo Contencioso-administrativo de 29 de abril de 2013, de 17 de septiembre de 2013 y de 15 de enero de 2014, entre otras muchas, declaran respecto al alcance del silencio positivo administrativo que éste «no debe ser un instituto jurídico formal, sino la garantía que impida que los derechos de particulares se vacíen de contenido cuando Administración no atiende eficazmente y con la celeridad debida las funciones para las que se ha organizado», y siguiendo la interpretación que del silencio administrativo positivo venía haciendo la Sala Tercera del Tribunal Supremo «una vez operado el silencio positivo, no es dable efectuar un examen sobre la legalidad intrínseca del acto presunto, pues, si bien es cierto, que (...) son nulos de pleno derecho los actos presuntos "contrarios" al Ordenamiento Jurídico por los que se adquieren facultades o derechos cuando se carezca de los requisitos esenciales para su adquisición, no es menos cierto que para revisar y dejar sin efecto un acto presunto (nulo) o anulable la Administración debe seguir los procedimientos de revisión establecidos (...), o instar la declaración de lesividad»[123]. La resolución tácita mediante silencio administrativo debe entenderse como la posibilidad de que el interesado acuda a la vía jurisdiccional y así, obtener el debido control judicial, pero no

---

[123] STS (Sala Cuarta) núm. 961/2017, de 29 de noviembre, en Fundamento de Derecho Tercero.

excluye la obligación de resolver expresamente que incumbe a la Administración, conforme al artículo 21 de la Ley 39/2015, y no es plenamente equiparable a la resolución expresa cuando es desestimatorio, en cuanto que, conforme al artículo 24.2 de la Ley 39/2015: «La estimación por silencio administrativo tiene a todos los efectos la consideración de acto administrativo finalizador del procedimiento. La desestimación por silencio administrativo tiene los solos efectos de permitir a los interesados la interposición del recurso administrativo o contencioso-administrativo que resulte procedente». Ello debe ser así, porque lo contrario sería permitir que se obviara la debida motivación, cuando debe incluirse la misma, conforme a lo previsto en el artículo 35 de la Ley 39/2015, y esa "no motivación", en realidad, es una práctica poco transparente que supone el perjuicio para el interesado que ha visto desestimado lo interesado, sin poder conocer las razones jurídicas en que se funda la resolución administrativa desestimatoria, lo que dificulta la posibilidad de impugnar tal resolución no motivada.

El aspecto de la buena administración referido a la erradicación de las dilaciones en la tramitación, también se ha tratado jurisprudencialmente, respecto de casos de ejecución de trámites concretos. Así, por ejemplo, en el ámbito tributario se ha considerado que, conforme al principio de buena administración inferido de los artículos 9.3 y 103 CE, cuando se ordene una retroacción de actuaciones por un tribunal económico-administrativo, es contrario al principio de buena administración que la Administración difiera significativamente la remisión del expediente al órgano competente para ejecutar la resolución administrativa desde la fecha en que ésta se notificó a la referida Administración, con la consecuencia de que dichas dilaciones deben conllevar que la Administración deba hacer frente a los perjuicios derivados de su actuación. En aplicación de esta doctrina, la STS de la Sala Tercera, de lo Contencioso-Administrativo de 22 de diciembre de 2020, número 1810/2020, número de recurso 5653/2019[124], declaró que por aplicación del principio de buena administración, en estos casos, el obligado tributario tiene el derecho a que, ordenada por resolución judicial o económico-administrativa la retroacción de las actuaciones, dichas actuaciones se deben llevar a cabo en el período fijado en la ley, sin que sea facultad de la Administración ampliar los plazos mediante dilaciones voluntarias, ni sobrepasarlos cuando materialmente ha llevado a cabo actuaciones antes de recibir el expediente. Además, en ese caso, el Tribunal Supremo determinó que, en aquellos supuestos en los que la Administración haya realizado o podido realizar actuaciones tendentes a retrotraer las actuaciones, aun cuando no haya recibido el expediente, no podrá exceder el plazo legal, puesto que el deber impuesto de atenerse a un plazo legalmente fijado es un deber material y no formal, de carácter objetivo, y al margen de la voluntad de los interesados, pues a la Administración le es exigible una conducta lo suficientemente diligente como para evitar definitivamente las posibles disfunciones derivadas de su actuación, por así exigirlo el principio de buena administración que no se detiene en la mera observancia estricta de procedimientos y trámites, sino que reclama la plena efectividad de garantías y derechos reconocidos legal y constitucionalmente al interesado. Así, los desfases temporales relevantes e injustificados no pueden resultar jurídicamente indiferentes, ya que no atenerse a los plazos legales permitiría burlar la finalidad de la retroacción de trámites que se hubiera ordenado. De la doctrina del Tribunal Supremo, resulta que «no es aceptable que los órganos económico administrativos queden sólo sometidos al plazo prescriptorio para remitir el expediente al órgano ejecutor, de manera

---

[124] STS de la Sala Tercera, de lo Contencioso-Administrativo de 22 de diciembre de 2020, número 1810/2020, número de recurso 5653/2019, en su Fundamento Jurídico Tercero (ECLI: ES:TS:2020:4506)

que el derecho a una resolución administrativa en plazo razonable implica -en atención a las circunstancias de cada caso- que la dilación no justificada y desproporcionada en aquella remisión no pueda ni deba resultar jurídicamente neutral, sino que de la misma deberán extraerse las consecuencias jurídicas correspondientes que, desde luego, no pueden favorecer al infractor», que sería, en estos casos, la Administración incumplidora de los plazos legales. A pesar de todo, la valoración de cuándo se producen las dilaciones indebidas debe ser analizada en cada caso, atendiendo a las circunstancias concretas del mismo, según la propia doctrina del Tribunal Supremo[125].

En la regulación del procedimiento administrativo existen otros principios conexos con el de tramitación en plazo razonable, y que son el de celeridad y el de economía de trámites[126]. Este último sirve para evitar las dilaciones indebidas en cuanto que deberá conllevar menos trámites, menos procedimientos, y la sustitución de las técnicas administrativas aplicables por otras que supongan una economía de medios con garantía de los intereses generales[127]. Ambos principios, tanto el de celeridad, como el de economía de trámites, se engloban en la responsabilidad de la propia Administración a impulsar el procedimiento administrativo, de conformidad con el artículo 71 de la Ley 39/2015. La interpretación de tales principios en relación con el impulso de la tramitación debe realizarse desde los parámetros de la buena administración y ello significa la

---

125 STS de la Sala Tercera, de lo Contencioso-Administrativo de 22 de diciembre de 2020, número 1810/2020, número de recurso 5653/2019, en su Fundamento Jurídico Tercero (ECLI: ES:TS:2020:4506)

126 MATILLA CORREA, A., *La buena administración como noción jurídico-administrativa,* Dykinson, Madrid, 2020, p. 265.

127 NOGUEIRA LÓPEZ, A., "El principio de economía procesal", en SANTAMARÍA PÁSTOR, J. A. (Dir.), *Los principios jurídicos del Derecho Administrativo,* La Ley, Madrid, 2010, p. 311.

adopción de estrategias acordes con el rediseño del sector público realizado por la Comisión de Reformas del Sector Público (CORA), para impulsar la racionalización y optimización de los recursos públicos, y eliminar duplicidades competenciales e ineficiencias en su asignación, de conformidad con el cumplimiento de estabilidad presupuestaria y sostenibilidad financiera[128], con base en el artículo 135 de la CE.

2.4. El derecho de audiencia o contradicción

El derecho a ser oído antes de que una Administración pública tome una medida individual que afecte desfavorablemente a un ciudadano tiene su fundamento en el principio de audiencia. Con carácter general se reconoce el derecho a la contradicción del ciudadano interesado en un procedimiento administrativo, de modo que, en la instrucción del procedimiento, el artículo 75.4 de la Ley 39/2015 dispone que: «En cualquier caso, el órgano instructor adoptará las medidas necesarias para lograr el pleno respeto a los principios de contradicción y de igualdad de los interesados en el procedimiento». También es reflejo de ello el trámite de audiencia al interesado que regula el artículo 82 de la Ley 39/2015, para que el interesado pueda en un plazo no inferior a diez días ni superior a quince, alegar y presentar los documentos y justificaciones que estimen pertinentes, existiendo también este trámite en los casos de tramitación de recursos en vía administrativa, conforme al artículo 118 de la Ley 39/2015. La misma ley recoge reglas especiales para ejercer este derecho en casos especiales, así: en el artículo 91 de la Ley 39/2015 respecto a los procedimientos en materia de responsabilidad patrimonial, en el artículo 95 de

---

[128] CAMPOS ACUÑA C., Comentarios a la Ley 39/2015 de procedimiento administrativo común, de las administraciones públicas, Wolters Kluwer, Madrid, 2017, p. 520.

la Ley 39/2015 en los casos de caducidad del procedimiento, y en el artículo 107 de la Ley 39/2015 en relación a los casos de iniciación de un procedimiento de declaración de lesividad de actos anulables.

Todos ellos son reflejo de la misma regla que recoge la Constitución española en el artículo 105.c) conforme al cual debe ser regulado mediante ley «El procedimiento a través del cual deben producirse los actos administrativos, garantizando, cuando proceda, la audiencia del interesado».

El Tribunal Constitucional ha tenido oportunidad de referirse a la incidencia de la ausencia de la audiencia al interesado en la existencia o no de indefensión del mismo en el procedimiento administrativo, considerando que, aunque este trámite encarna la garantía del derecho de defensa y contradicción, su ausencia no siempre implica indefensión. En este sentido, se pronunció la Sentencia del Tribunal Constitucional, número 68/1985, de 27 de mayo, dictada en el recurso de amparo número 618/1984, que consideró que la omisión del trámite de audiencia sólo constituye un vicio determinante de la nulidad del procedimiento cuando origine verdadera indefensión. El mismo criterio sigue el Tribunal Supremo (Sala Tercera), en Sentencia de 18 de marzo de 1987. En todo caso, debe considerarse que la indefensión se produce cuando el interesado en el procedimiento, puede ver perjudicada su esfera de derechos e intereses respecto a su situación anterior como consecuencia de la decisión administrativa.

Se aplicará en tales casos la doctrina que emana en relación con otros supuestos de aplicación de la contradicción en el ámbito judicial y su reconocimiento como garantía conectada con el derecho a la tutela judicial efectiva o con el derecho a la defensa, pero que se hace extensivo, hasta cierto punto, al procedimiento administrativo. La STC del pleno de 88/2013, de 11 de abril se refirió a dicha doctrina y la puso en relación con la jurisprudencia del Tribunal Europeo de Derechos Humanos, concluyendo que, de conformidad con la doctrina constitucional establecida en las SSTC 167/2002 y 184/2009, se vulnera el derecho a un proceso con todas las garantías del artículo 24 de la CE, si un órgano judicial, conociendo en vía de recurso, condena a quien había sido absuelto en la instancia, o empeora su situación a partir de una nueva valoración de pruebas personales o de una reconsideración de los hechos estimados probados para establecer su culpabilidad, siempre que no haya celebrado una audiencia pública en que se desarrolle la necesaria actividad probatoria, con las garantías de publicidad, inmediación y contradicción que le son propias, y se dé al acusado la posibilidad de defenderse. De conformidad con esta doctrina, la adopción de decisiones en el procedimiento administrativo que modificasen lo anteriormente decidido, como ocurriría en los casos de modificación de las resoluciones tácitas recaídas por silencio administrativo, y en los casos de rescisión de oficio, o acción de lesividad ejercitada por la Administración, sin que se diera la preceptiva audiencia al interesado, implicaría la vulneración del derecho a la buena administración, a través de la inobservancia de este derecho de audiencia vinculado con la contradicción.

2.5. El derecho de acceso

El derecho de toda persona a acceder al expediente que le afecte, dentro del respeto de los intereses legítimos de la confidencialidad y del secreto profesional y comercial, es una manifestación de la transparencia administrativa, al que se refiere el artículo 53.1.a) de la Ley 39/2015, en relación con los interesados de un procedimiento. Este derecho se recoge en el artículo 105.b) de la Constitución española, y también, para cualquier ciudadano en el artículo 13 Ley 39/2015 al regular los derechos de las personas en sus relaciones con las Administraciones públicas, pues en su letra d), dispone que «Quienes de conformidad con el artículo 3, tienen capacidad de obrar ante las Administraciones Públicas, son titulares, en sus relaciones con ellas, de los siguientes derechos: (…) d) Al acceso a la información pública, archivos y registros, de acuerdo con lo previsto en la Ley 19/2013, de 9 de diciembre, de transparencia, acceso a la información pública y buen gobierno y el resto del Ordenamiento Jurídico».

Como límites a este derecho de acceso se deberán tener en cuenta los previstos en el Reglamento (UE) 2016/679 del Parlamento Europeo y del Consejo, de 27 de abril de 2016, relativo a la protección de las personas físicas en lo que respecta al tratamiento de datos personales y a la libre circulación de estos datos y por el que se deroga la Directiva 95/46/CE (Reglamento general de protección de datos, RGPD), al que en el contexto de la Unión Europea nos hemos referido al tratar el derecho de acceso previsto en el artículo 41 de la CDFUE, y que pretende lograr la mayor protección de los datos personales[129], junto con los límites previstos en la regulación española sobre la materia. En este sentido, la Ley 19/2013, de 9 de diciembre, de transparencia, acceso a la información pública y buen gobierno hace referencia a la protección de datos por parte de las Administraciones al cumplir sus obligaciones de transparencia de conformidad con lo previsto en ella, estableciéndose reglas especiales en determinados casos, pues la norma impone una ponderación de los derechos en conflicto y determina la prevalencia de uno sobre otro de forma preordenada[130]. Confor-

---

[129] CAZURRO BARAHONA, V., "La protección de datos y los medios de comunicación", *Revista Jurídica de Castilla y León, n.º 16, septiembre 2008,* Junta de Castilla y León, León, 2008, p. 232.

[130] Se han realizado diversos estudios de los criterios que contiene el artículo 15 de la Ley de Transparencia para delimitar la prevalencia de esta o de la protección de datos, es el caso de: FERNÁNDEZ RAMOS, S., "Acceso a la información pública versus protección de datos personales", *Revista española de Derecho Administrativo,* núm. 184, 2017; y de RODRIGUEZ ÁLVAREZ, J.L., "Transparencia y pro-

me a la misma, si la información solicitada en el ejercicio del derecho de acceso contiene datos personales que revelen la ideología, la filiación, la religión o las creencias, el acceso a los mismos sólo se considera autorizado si se cuenta con el consentimiento expreso y por escrito de la persona afectada, salvo que el dato se hubiera hecho público de forma evidente antes de que se solicite el acceso a la misma.

En el caso de que la información incluya datos especialmente protegidos relativos a la comisión de infracciones penales o administrativas o datos de carácter personal que hagan referencia al origen racial, a la salud y a la vida sexual que no conllevasen la amonestación pública al infractor, el acceso sólo se podrá autorizar en caso de que se cuente con el consentimiento expreso del afectado o si aquél estuviera amparado por las previsiones de la Ley Orgánica 7/2021, de 26 de mayo, de protección de datos personales tratados para fines de prevención, detección, investigación y enjuiciamiento de infracciones penales y de ejecución de sanciones penales. En todos los casos, el consentimiento implícito no puede ser considerado a efectos de autorizar la comunicación de los datos personales[131].

Con carácter general, y salvo que en el caso concreto prevalezca la protección de datos personales u otros derechos constitucionalmente protegidos sobre el interés público que impida la divulgación, se concederá el acceso a información que contenga datos meramente identificativos relacionados con la organización, funcionamiento o actividad pública del órgano.

---

tección de datos personales: criterios legales de conciliación", en CANALS AMETLLER, D. (ed.), *Datos, Protección, Transparencia y Buena Regulación*, ed. Documenta, 2016.

131 Agencia Española de Protección de Datos, *Informe respondiendo a la consulta sobre el cumplimiento del Reglamento (UE) 2016/679 del Parlamento Europeo y del Consejo de 27 de abril de 2016*, Agencia Española de Protección de Datos, España, 2018, p. 2.

Cuando la información solicitada no contuviera datos especialmente protegidos, el órgano al que se dirija la solicitud concederá el acceso previa ponderación suficientemente razonada del interés público en la divulgación de la información y los derechos de los afectados cuyos datos aparezcan en la información solicitada, en particular su derecho fundamental a la protección de datos de carácter personal. Para la realización de la citada ponderación, dicho órgano tomará particularmente en consideración los siguientes criterios:

- El menor perjuicio a los afectados y a los derechos de los afectados en caso de que los documentos únicamente contuviesen datos de carácter meramente identificativo de aquéllos.
- La justificación por los solicitantes de su petición en el ejercicio de un derecho o el hecho de que tengan la condición de investigadores y motiven el acceso en fines históricos, científicos o estadísticos.
- La mayor garantía de los derechos de los afectados en caso de que los datos contenidos en el documento puedan afectar a su intimidad o a su seguridad, o se refieran a menores de edad.

Estos criterios no serán aplicables si el acceso se efectúa previa disociación de los datos de carácter personal de modo que se impida la identificación de las personas afectadas, pudiéndose cumplir de este modo, las obligaciones de transparencia. En otro caso, si procede su aplicación, la normativa de protección de datos personales será de aplicación también al tratamiento posterior de los obtenidos a través del ejercicio del derecho de acceso.

Poniendo en relación estas normas, pueden ser extraídos algunos criterios que actúan como límites, o al menos matizan la extensión del derecho de acceso, ponderando el derecho a la protección de datos personales. Así:

- Principio de licitud o legitimidad. La exhibición de datos es lícita si media consentimiento del titular de los datos o se hace en cumplimiento de obligaciones contractuales o legales, o para proteger intereses vitales, públicos o satisfacer intereses legítimos. Las causas de legitimidad están basadas en las funciones del gestor de los datos, con origen en la ley, un contrato, o el consentimiento expreso[132].

- Principio de información o transparencia. La transparencia se aplica en relación con la entrega de información que afecte al propio interesado tanto si los datos fueron entregados por él como si se hubieran obtenido de otra fuente.

- Principio de minimización de datos o proporcionalidad. La extensión de los datos mostrados debe limitarse a lo necesario y adecuado para cumplir los fines de la transparencia administrativa en el caso concreto. Este criterio se ha recogido en algunas normas especiales en sentido similar, como por ejemplo, en el Real Decreto Legislativo 6/2015, de 30 de octubre, por el que se aprueba el texto refundido de la Ley sobre Tráfico, Circulación de Vehículos a Motor y Seguridad Vial, que regula la publicidad edictal de sanciones de tráfico en su artículo 92, como posibilidad facultativa para realizar la publicación sustitutiva a la notificación fallida, que en caso de hacerse, debe mostrar los mínimos datos posibles[133].

---

132 GUASCH PORTAS, V. y SOLER FUENSANTA, J.R., "El interés legítimo en la protección de datos", *Revista de Derecho UNED, núm. 16,* Universidad Nacional de Estudios a Distancia, Madrid, 2015, p. 419.

133 GAMERO CASADO, E., "El régimen de notificaciones: la dirección electrónica vial (DEV) y el tablón edictal de sanciones de tráfico (TESTA)", *DA, Revista de Documentación Administrativa nº 284-285,*

- Principio de limitación de la finalidad. El uso de los datos queda limitado al motivo por el que se entregaron, de modo que su uso posterior para una finalidad diferente a la originaria no está justificada. Este criterio se ajusta a la interpretación finalista del sistema de transparencia administrativa, según la cual la difusión de información se justifica en el cumplimiento de su propio objetivo[134].
- Principio de exactitud de los datos. Las Administraciones públicas deben poder verificar la exactitud de los datos que tratan.
- Principio de limitación del plazo de conservación (derecho al olvido). Los datos personales no deben conservarse más tiempo del necesario para los fines del tratamiento.
- Principio de integridad o seguridad. Es necesario que las Administraciones públicas garanticen la seguridad adecuada de los datos personales, incluida la protección contra el tratamiento no autorizado o ilícito y contra su pérdida, destrucción o daño accidental.
- Principio de confidencialidad. Las Administraciones tienen deber de guardar confidencialidad respecto a los datos personales que traten, siendo una obligación complementaria a la de guardar secreto profesional que tiene un carácter más general.

---

mayo-diciembre 2009, Instituto Nacional de Administración Pública, Madrid, 2009, p. 50.

134 ORTEGA CARBALLO, C., "Los Registros administrativos como instrumentos de publicidad y transparencia en la gestión de la contratación pública", *Documentación Administrativa / núm. 274-275 (enero-agosto 2006),* Instituto Nacional de Administración Pública, Madrid, 2006, p. 108.

Teniendo en cuenta el conjunto de criterios y que la ponderación de los distintos casos se debe realizar atendiendo a los criterios de la normativa sobre protección de datos, y también de la normativa sobre transparencia administrativa, la dispersión de estos criterios en ambas normas no favorece a la necesaria seguridad jurídica, por lo que pueden realizarse mejoras normativas en el sentido de perfilar, en la regulación sobre transparencia administrativa, los principios que sirven para configurar la gestión y protección de datos en su normativa específica. Se ha destacado también que los criterios introducidos por la normativa sobre protección de datos han superado a los criterios que dimanan de la Ley de Transparencia, que debería ser revisada, ya que, a pesar de haber ofrecido criterios para compatibilizar dos derechos destinados a entrar en conflicto en un momento inicial, adolece de algunos defectos que se han acentuado tras la entrada en vigor de la regulación actual sobre protección de datos[135].

Además, teniendo en cuenta que la digitalización favorece la globalización del tratamiento de datos, esta cuestión debe ser resuelta en la normativa aplicable. Ya encontramos un avance en este sentido, en la Directiva (UE) 2019/1024 del Parlamento Europeo y del Consejo de 20 de junio de 2019 relativa a los datos abiertos y la reutilización de la información del sector público, pero la digitalización permite un efecto globalizado del tratamiento de datos, consecuencia de la globalización de las comunicaciones[136], siendo necesario aproximar su regulación en sistemas normativos con diferente tradición jurídica

---

135 RAMS RAMOS, L., "El Derecho Fundamental a la protección de datos de carácter personal como límite ¿(in)franqueable? Para la transparencia administrativa, *Estudios de Deusto* 66, nº 2, 2018, p.150.

136 CERVERA NAVAS, L., "El modelo europeo de protección de datos de carácter personal", *Cuadernos de Derecho Público, núms. 19-20 (mayo-diciembre 2003),* Instituto Nacional de Administración Pública, Madrid, 2003, p. 132.

- *Continental Law* frente al *Common Law*-, puesto que las diferencias estructurales dejan de tener sentido en un sistema que acoge relaciones globalizadas[137].

En relación con la confidencialidad relativa a la protección de datos, podemos mencionar la Sentencia del Tribunal Supremo, Sala Tercera, de lo Contencioso-administrativo, número 871/2022, de 10 de marzo de 2022[138], porque dirime sobre la extensión de tal confidencialidad, cuestión que ya había sido tratada en el ámbito europeo, en la STJUE de 19 de junio de 2018, asunto C-15/16, donde el TJUE declara que no toda información que figura en un expediente de una autoridad de supervisión financiera es necesariamente información confidencial cubierta con la obligación de guardar secreto profesional. Esta cuestión, como recoge la STS 871/2022 requiere primero dirimir el alcance de la aplicación de la Ley 19/2013 a las autoridades independientes. En este sentido, el Tribunal Supremo considera que la Ley 19/2013, se constituye como la normativa básica trasversal que regula esta materia y crea un marco jurídico que complementa al resto de las normas. Dicha norma también resulta aplicable a los reguladores independientes, en concreto, en el caso analizado a la Comisión Nacional del Mercado de Valores (en adelante, CNMV), como resulta del art. 2.c) de la Ley 19/2013 al extender su ámbito subjetivo de aplicación a los «Los organismos autónomos, las

---

137 MANNY, C., "La intimidad de la Unión Europea y la seguridad de los Estados Unidos: la tensión entre la ley europea de protección de datos y los esfuerzos por parte de los Estados Unidos por utilizar los datos sobre pasajeros aéreos para luchar contra el terrorismo y otros delitos", *Cuadernos de Derecho Público, núms. 19-20 (mayo-diciembre 2003),* Instituto Nacional de Administración Pública, Madrid, 2003, p. 146.

138 Sentencia reciente del Tribunal Supremo, Sala Tercera, de lo Contencioso-administrativo, número 871/2022, de 10 de marzo de 2022, Fundamento Jurídico Segundo (ECLI:ES:TS:2022:871).

Agencias Estatales, las entidades públicas empresariales y las entidades de Derecho Público que, con independencia funcional o con una especial autonomía reconocida por la Ley, tengan atribuidas funciones de regulación o supervisión de carácter externo sobre un determinado sector o actividad». Y así se ha confirmado en otras sentencias en relación a la CNMV[139]. Sin embargo, esta norma queda desplazada cuando existan previsiones sectoriales que articulen un régimen propio y especifico que resulte incompatible con el régimen general, ya que la Disposición Adicional Primera, apartado segundo, de la Ley 19/2013 recoge que «Se regirán por su normativa específica, y por esta Ley con carácter supletorio, aquellas materias que tengan previsto un régimen jurídico específico de acceso a la información».

Al respecto, ocurre que la CNMV sí tiene una regulación especial, como reconoció la STS núm. 748/2020, de 11 de junio (recurso 577/2019), la cual crea una regulación autónoma en relación con los sujetos legitimados y/o el contenido y límites de la información que puede proporcionarse. Respecto al régimen de la confidencialidad de los datos tratados, a ello se refirieron otras sentencias, como la STS nº1565/2020, de 19 de noviembre de 2020 (recurso 4614/2019) y STS nº 1.817/2020 de 29 de diciembre de 2020(recurso 7045/2019), de las que resulta que si bien en esta materia existen normas especiales que desplazan la regulación general de la Ley 19/2013, tal desplazamiento no es absoluto en cuanto que el régimen especial no es completo. Por ello, la aplicación de la Ley 19/2013 es supletoria de las reglas especiales que pueda contener al respecto el Texto Refundido de la Ley del Mercado de Valores (en adelante, TRLMV), supletoriedad que fue tratada en otra sen-

---

139 SSTS, Sala Tercera, de lo Contencioso-administrativo num. 1565/2020, de 19 de noviembre de 2020 (rec.4614/2019), y num. 1.817/2020 de 29 de diciembre de 2020 rec.7045/2019).

tencia, la STS, Sala Tercera, de lo Contencioso-administrativo nº 314/2021, de 8 de marzo de 2021 (rec. 1975/2020)- se matizó, aún más, el alcance de la disposición adicional primera de la Ley de Transparencia, y aclaró que el régimen del TRLMV tiene carácter preferente a la regulación de la Ley de 19/2013, que en todo caso será de aplicación supletoria para aquellos aspectos que no hayan sido contemplados en tal regulación específica siempre que resulten compatibles con ella. Esta matización se aplicó también a la CNMV en la SSTS número 389/2021, de 18 de marzo de 2021 (rec.3934/2020), que, tras recoger la jurisprudencia dictada en la materia, concluía que «la regulación sobre la confidencialidad prevista en el TRLMV debe considerarse de aplicación prevalente, siendo la LGTB de su aplicación supletoria como marco general del derecho de acceso a la información en todo aquello que no haya quedado desplazado por la regulación parcial del TRLMV». Esta doctrina ha sido reiterada en la STS 144/2022, de 7de febrero (casación 6829/2020, F.J. 3º, apartado D/). Sobre la base de la interpretación jurisprudencial anterior en relación con cuál es el régimen aplicable al derecho de acceso limitado por la debida confidencialidad aplicable a la CNMV, la STS, Sala Tercera, de lo Contencioso-administrativo, número 871/2022, de 10 de marzo de 2022[140] concluye que «No toda información que figura en un expediente de una autoridad de supervisión financiera ha de será considerada información confidencial cubierta por la obligación de guardar secreto profesional. Para ello se precisa que reúna determinados requisitos: a) que no tenga carácter de pública b) que su divulgación pueda perjudicar los intereses de quien la haya proporcionado o de terceros o que afecte al correcto funcionamiento del sistema de seguimiento de las actividades de las empresas de servicios de inversión. Am-

---

140 Sentencia reciente del Tribunal Supremo, Sala Tercera, de lo Contencioso-administrativo, número 871/2022, de 10 de marzo de 2022, Fundamento Jurídico Octavo (ECLI:ES:TS:2022:871).

bos requisitos han de concurrir de forma acumulativa para que sean aplicables las limitaciones de acceso a la información en los términos regulados en el TRLMV. La concesión de un trámite de audiencia, conforme a lo previsto en la Ley de Transparencia, para que el afectado por la información solicitada, que no ha sido declarada previamente confidencial, pueda alegar lo que a su derecho convenga y no se considera incompatible con las especialidades que en relación con el deber de secreto plantea la Ley del Mercado de Valores». De todo ello, lo que se puede concluir es que la confidencialidad de los datos sujetos a secreto profesional tendente a la protección de la intimidad, y el derecho de acceso tienen ambos una relevancia similar que implica la necesaria ponderación de ambos en cada caso concreto, para verificar cuál es preferente en el referido caso.

Diferentes son los casos en los que el régimen jurídico especial, aplicable a los mismos, determina la exclusión del derecho de acceso a la información pública por tratarse de materias reservadas. Así ocurre, por ejemplo, en la normativa aprobada para preservar la seguridad pública, siendo un caso particular y especialísimo el que resulta de la regulación de los planes de protección portuaria, respecto de los cuales, el artículo 11.11 de Real Decreto 1617/2007, ordena que el plan de protección del puerto se debe proteger contra el acceso o divulgación no autorizados, siendo confidenciales las partes que el propio plan determine, además de las informaciones contenidas en los procedimientos de inspección y de evaluación previa que dicho real decreto regula, para garantizar la protección portuaria.

2.6. Derecho a obtener una resolución motivada

Respecto a la obligación que incumbe a la Administración de motivar sus decisiones, cabe decir que la necesidad de incluir tal motivación se contempla como obligatoria en los casos previstos en el artículo 35 de la Ley 39/2015. Se concibe como una manifestación del principio contenido en el artículo 9.3 de la Constitución española por el que es una exigencia de la interdicción de la arbitrariedad de los poderes públicos, como indicó, entre otras muchas, la Sentencia del Tribunal Supremo, Sala de lo Contencioso Administrativo, número 1413/2017, de 21 de septiembre, en su Fundamento de Derecho Tercero, y en definitiva, supone la indicación de las razones de hecho o de derecho por las que la Administración pública resuelve un acto administrativo en determinado sentido. Se considera que con este requisito se controla la causa del acto, como declaró el Tribunal Supremo en Sentencia de 12 de diciembre de 1997, y dicha motivación puede ser objeto de control judicial a través de un proceso contencioso administrativo.

La motivación es un elemento indicador de la buena administración, en cuanto que actúa como garantía frente a la arbitrariedad del poder público, pero no se limita a la justificación de la decisión administrativa en el momento de su adopción para que el ciudadano sepa el porqué de las decisiones administrativas. En realidad, la justificación y motivación de las decisiones administrativas, trasciende el momento inicial, y está ligada también con la inexistencia de desviaciones de poder. En este sentido, el ejercicio de potestades administrativas se justifica en la finalidad de servir con objetividad al interés general que se pretenda cumplir a través de su ejercicio, de modo que, si esa finalidad desaparece tras la adopción de una resolución, deja de ser suficiente la motivación antes esgrimida para adoptar la decisión de que se trate, y ello puede justificar, en algunos casos, incluso la revocación de tal resolución. Es decir, el cambio de circunstancias que han sido valoradas en la motivación puede producir la pérdida de virtualidad de la motivación antes esgrimida como fundamento del acto. En esencia, lo que ocurre en estos casos es que se ha perdido el fundamento que sustenta tal motivación. De hecho, hay instituciones de Derecho administrativo que implican el ejercicio de potestades que descansan en finalidades muy determinadas, hasta el punto que si desaparecen las finalidades perseguidas que fundamentaron la actividad de la administración, su propia regulación específica regula la reversión de la situación jurídica afectada. Como ejemplo de ello, podemos fijarnos en la Sentencia del Tribunal Supremo, Sala Tercera, de lo Contencioso-Administrativo, de 27 de Abril de 2005, en relación con la revocación de una resolución expropiatoria, que hace referencia a que, en aplicación de un criterio de buena administración, procede la revocación cuando, valorando las circunstancias de la causa de la expropiación se aprecie que ha desaparecido la necesidad de ocupación o, en su caso, la utilidad pública o el interés social que justifican aquella. La sentencia referida declara que, cuando se dan tales circunstancias y no se han generado derechos para el expropiado, la revocación viene impuesta por los principios de eficiencia y buena administración. Fundamentalmente, en el caso analizado, el Tribunal Supremo llegó a la conclusión de que procede la revocación en aplicación de los principios de eficiencia y buena administración que deben presidir el actuar de la Administración, sin que tampoco pueda olvidarse que el artículo 33.3 de la Constitución sólo admite la privación de la titularidad de los bienes y derechos por razones de utilidad pública o interés social, por lo que si estos requisitos desaparecen antes de que se consume la expropiación y nazca un derecho para el particular, el continuar adelante con aquélla no resultaría conforme a dicha exigencia constitucional[141].

En la práctica jurisprudencial la motivación es un derecho que permite el control judicial de la legalidad administrativa. Al respecto, el Tribunal Supremo español vincula el derecho a una buena administración con la obligación administrativa de motivar, apoyándose en la CDFUE. De ello son ejemplo, entre

---

141 STS, Sala Tercera, de lo Contencioso-Administrativo, de 27 de Abril de 2005, número de recurso 5537/2001, Fundamento de Derecho Cuarto (ECLI: ES:TS:2005:2653)

otras, las STS de 22 de febrero de 2005 y la STS de 15 de octubre de 2010 que recogen expresamente que: «El deber de motivación de los actos administrativos (...), que se enmarca en el deber de la Administración de servir con objetividad los intereses generales y de actuar con sumisión llena a la Ley y al derecho que impone el artículo 103 de la Constitución, se traduce en la exigencia que los actos administrativos contengan una referencia precisa y concreta de los hechos y de los fundamentos de derecho que para el órgano administrativo que dicta la resolución han sido relevantes, que permita conocer al administrado la razón fáctica y jurídica de la decisión administrativa, posibilitando el control judicial por la tribunales del contencioso-administrativo. El deber de la Administración de motivar sus decisiones es consecuencia de los principios de seguridad jurídica y de interdicción de la arbitrariedad de los poderes públicos, que se garantizan en el artículo 9.3 de la Constitución; y puede considerarse como una exigencia constitucional que se deriva del artículo 103, al consagrar el principio de legalidad en relación con la actuación administrativa, según se subraya en la sentencia de esta Sala de 30 de noviembre de 2004. El deber de motivación de las administraciones públicas se conecta con el derecho de los ciudadanos a una buena administración, que es consustancial a las tradiciones constitucionales comunes de los estados miembros de la Unión Europea, recogidas en el artículo 41 de la Carta de los Derechos Fundamentales de la Unión Europea, proclamada por el Consejo de Niza de 8/10 de diciembre de 2000, al enunciar que este derecho incluye en particular la obligación que incumbe a la Administración de motivar sus decisiones».[142]

En el ámbito de la regulación del dominio público, varias Sentencias del Tribunal Supremo utilizan a la buena adminis-

---

142 STS de 22 de febrero de 2005 (Ar. 2601) y STS de 15 de octubre de 2010 (JUR\2010\366859).

tración en relación con la motivación, como elemento de control administrativo. Así, la STS de 10 de diciembre de 2003[143] aplica la buena administración a través de la motivación, para controlar un deslinde de bienes del dominio público marítimo terrestre, de forma similar, también determina lo mismo la STS de 23 de enero de 2007[144], con cita expresa a la CDFUE, y la STS de 19 de junio de 2007[145]. Su aplicación en el ámbito urbanístico también ha sido profusa, ejemplo de ello es la STS de 2 de junio de 2004, que confirma la anulación efectuada por el tribunal de instancia en relación con una determinada anchura de viales prevista en unas normas urbanísticas, utilizando de nuevo el derecho a una buena administración como técnica de control, en conexión con la obligación de motivar, citando la CDFUE[146]. También se ha aplicado la motivación como elemento de la buena administración para fundamentar el control judicial de la actividad administrativa, en relación con la actividad de fomento ejercida a través de la concesión de subvenciones en la STS de 29 de marzo de 2004[147], en relación con la potestad de autorización en un caso de denegación de la revocación de una licencia de armas -en la STS de 23 de marzo de 2005[148]-, y en materia de la concesión de licencias para establecimientos comerciales –en la STS de 27 de noviem-

---

143 STS, Sala Tercera, de lo Contencioso-administrativo, de 10 de diciembre de 2003 (RJ 2003\9526).

144 STS, Sala Tercera, de lo Contencioso-administrativo, de 23 de enero de 2007 (RJ 2007\3310).

145 STS, Sala Tercera, de lo Contencioso-administrativo, de 19 de junio de 2007 (RJ 2007\4872).

146 STS, Sala Tercera, de lo Contencioso-administrativo, de 2 de junio de 2004 (RJ 2004\6726).

147 STS, Sala Tercera, de lo Contencioso-administrativo, de 29 de marzo de 2004 (RJ2004\1849).

148 STS, Sala Tercera, de lo Contencioso-administrativo, de 23 de marzo de 2005 (RJ 2005\5677).

bre de 2011[149]-. Del mismo modo, ha sido aplicado en las decisiones de Administraciones independientes como la Comisión Nacional del Mercado de Valores en relación con la decisión de exclusión de negociación en bolsa –en la STS de 23 de mayo de 2005[150]-, y en otros muchos casos.

2.7. Derecho a ser indemnizado

La buena administración implica también el derecho de toda persona a la reparación de los daños causados por las Administraciones o sus agentes en el ejercicio de sus funciones, que se identifica con el derecho a reclamar responsabilidad patrimonial a las Administraciones por los daños causados en el ejercicio de su actividad. Es indudable que esta institución es uno de los pilares del Derecho administrativo, y que se recoge en la mayoría de ordenamientos jurídicos. En el derecho español, actualmente, se regula en los artículos 32 y ss. de la Ley 40/2015, como desarrollo del artículo 106.2 de la Constitución española, conforme al cual «Los particulares, en los términos establecidos por la ley, tendrán derecho a ser indemnizados por toda lesión que sufran en cualquiera de sus bienes y derechos, salvo en los casos de fuerza mayor, siempre que la lesión sea consecuencia del funcionamiento de los servicios públicos». También el Derecho de la Unión Europea se refiere al derecho a exigir responsabilidad a las Instituciones y autoridades europeas en el artículo 340 del Tratado de Funcionamiento de Unión Europea, en el que se exige un incumplimiento normativo suficientemente caracterizado por parte de la Institución o autoridad europea que ha ocasionado el

---

149 STS, Sala Tercera, de lo Contencioso-administrativo, de 27 de noviembre de 2011 (RJ 2011\6881).

150 STS, Sala Tercera, de lo Contencioso-administrativo, de 23 de mayo de 2005 (RJ 2005\4382).

perjuicio, como se indicado al tratar el derecho a ser resarcido por las Instituciones europeas o las Administraciones públicas de los Estados miembros al aplicar el Derecho europeo, en los términos previstos en el artículo 41.3 CDFUE.

La responsabilidad patrimonial de las Administraciones públicas es una institución fundamental, que cuenta con un desarrollo jurisprudencial que merecería ser tratado de forma particularizada y monográfica. En todo caso, sin duda, es la vía en que el ciudadano puede verse compensado por haber sufrido unos perjuicios que no debió soportar desde el punto de vista legal. Por ello, su admisión no puede sino ser evidencia de la preocupación de que la Administración funcione en los términos que definen la buena administración, si bien, para llegar a obtener la reparación de los perjuicios sufridos, es necesario que se cumplan los presupuestos que dan lugar a tal responsabilidad, los cuales están llenos de matices de tal amplitud que no es posible tratarlos aquí.

2.8. Derecho a utilizar las lenguas oficiales

En el Derecho español se prevé que en las relaciones del ciudadano con la Administración, tenga aquel el derecho a utilizar las lenguas oficiales en el territorio de su comunidad autónoma, de acuerdo con lo previsto en esta Ley y en el resto del ordenamiento jurídico –ex artículo 13.c) de la Ley 39/2015-. En el artículo 3 de la Constitución española se hace referencia a las lenguas oficiales que servirán para que los ciudadanos se relacionen con las Administraciones, siendo lo previsto en la Ley 39/2015 una manifestación de la norma constitucional: «1. El castellano es la lengua española oficial del Estado. Todos los españoles tienen el deber de conocerla y el derecho a usarla. 2. Las demás lenguas españolas serán también oficiales en las respectivas comunidades autónomas de acuerdo con sus Estatutos». El desarrollo de este artículo se encuentra en el artículo 15 de la Ley 39/2015, de modo que la lengua de los procedimientos tramitados por la Administración General del Estado será el castellano, aunque los interesados que se dirijan a los órganos de la Administración General del Estado con sede en el territorio de una comunidad autónoma podrán utilizar también la lengua que sea cooficial en ella. En este caso, el procedimiento se tramitará en la lengua elegida por el interesado, y si concurrieran varios interesados en el procedimiento, y existiera discrepancia en cuanto a la lengua, el procedimiento se tramitará en castellano, si bien los documentos o testimonios que requieran los interesados se expedirán en la lengua elegida por los mismos. En los procedimientos tramitados por las Administraciones de las comunidades autónomas y de las Entidades Locales, el uso de la lengua se ajustará a lo previsto en la legislación autonómica correspondiente.

Al margen de lo anterior, la Administración Pública instructora deberá traducir al castellano los documentos, expedientes o partes de los mismos que deban surtir efecto fuera del territorio de la comunidad autónoma y los documentos dirigidos a los interesados que así lo soliciten expresamente. Si debieran surtir efectos en el territorio de una comunidad autónoma donde sea cooficial esa misma lengua distinta del castellano, no será precisa su traducción.

III. EL ALCANCE DEL PRINCIPIO DE LA BUENA ADMINISTRACIÓN. SU UTILIDAD PARA EL FOMENTO DE LOS DERECHOS SOCIALES COMO ELEMENTO PRECURSOR DE LA RESPONSABILIDAD SOCIAL PÚBLICA

3.1. Consideraciones generales sobre la aplicabilidad y utilidad del derecho a la buena administración.

Un sector doctrinal considera que la buena administración debe ser entendida como un mandato, otros consideran que estamos ante un derecho subjetivo, y otros entienden que es un principio de la actividad administrativa[151]. Valorando su consideración como principio o como guía de actuación administrativa, es innegable que es un principio rector del actuar de las Administraciones públicas, además de que, con un contenido específico, y con un alcance determinado, ostenta el rango de derecho fundamental y engloba una serie de derechos subjetivos que pueden hacerse valer directamente ante los juzgados y tribunales. Además de todo ello, también se puede concebir como principio general del Derecho administrativo, siendo en este aspecto el que permite consolidar su consideración como elemento estructural del ordenamiento jurídico administrativo, ya que, como tal, no sólo se ciñe su aplicación a los instrumentos formales del Derecho administrativo, sino incluso a los instrumentos informales utilizados por los agentes del sector público. En este sentido, es aplicable a toda la actividad administrativa, ya sea una actividad de control, de fomento o de

---

151 CARRILLO DONAIRE, J.A, "Buena administración, ¿un principio, un mandato, o un derecho subjetivo?", en SANTAMARÍA PASTOR, J.A. (Dir.) *Los principios jurídicos del Derecho administrativo,* La Ley, Madrid, 2010, p. 1138.

servicio público. Incluso se ha aplicado en relación con el ejercicio de la potestad reglamentaria, como aclaró el STS de 15 de julio de 2010[152] en relación con la evaluación del impacto económico de la norma proyectada. En este sentido, la aplicación de la buena administración debe servir para valorar la viabilidad de su aprobación en términos de eficacia administrativa; así resulta de la misma sentencia, cuando declara: «Sin duda la memoria económica es un documento de relevancia singular en el procedimiento de elaboración reglamentaria. Los conceptos de buena administración y de calidad de la actividad administrativa, cobran todo su protagonismo en el momento de concretar los costes económicos y financieros que la aplicación de una norma reglamentaria puede suponer. El deber de buena administración, de un buen hacer administrativo en el ejercicio de la potestad reglamentaria, exige un especial cuidado a la hora de estudiar las consecuencias económicas que la implantación de la nueva normativa comporta. La ausencia de un estudio económico riguroso puede producir, y ejemplos hay de esto, que las disposiciones reglamentarias se queden "en papel mojado", carentes de virtualidad práctica, bien por ausencia de partidas presupuestarias o vías de financiación, sin duda los supuestos más frecuentes, bien por no haber ponderado la carga económica que a la sociedad en general, y, en particular, a los singularmente afectados, supone la aplicación de la norma reglamentaria».

Como principio general del Derecho Administrativo se viene aplicando de forma habitual por la jurisprudencia, y a modo de ejemplo, podemos citar la STS 443/2019, de la Sala Tercera, de lo Contencioso-Administrativo, de 2 de abril de 2019[153], que

---

[152] STS, Sala Tercera, de lo Contencioso-administrativo, de 15 de julio de 2010, Recurso núm. 25/2008.

[153] STS 443/2019, de la Sala Tercera, de lo Contencioso-Administrativo, de 2 de abril de 2019, número de recurso 2154/2017, Fundamento

también recoge lo anteriormente declarado en la STS de 19 de febrero de 2019, indicando: «Ya en otras ocasiones hemos hecho referencia al principio de buena administración, principio implícito en la Constitución, arts. 9.3 y 103, proyectado en numerosos pronunciamientos jurisprudenciales y positivizado, actualmente, en nuestro Derecho común, art. 3.1.e) de la Ley 40/2015; principio que impone a la Administración una conducta lo suficientemente diligente como para evitar definitivamente las posibles disfunciones derivadas de su actuación, sin que baste la mera observancia estricta de procedimientos y trámites, sino que, más allá reclama, la plena efectividad de garantías y derechos reconocidos legal y constitucionalmente (...) observar el deber de cuidado y la debida diligencia para su efectividad y la de garantizar la protección jurídica que haga inviable el enriquecimiento injusto».

La aplicabilidad y utilidad del derecho a la buena administración en el ámbito de los derechos sociales funciona de forma más limitada, pero, aun así, juega un papel relevante para fomentarlos, como derechos no subjetivos cuyo fomento se encomienda a los poderes públicos por la Constitución española, pero que aparecen más difusos en la práctica administrativa y jurisprudencial. Los derechos sociales son aquellos que dan el carácter de «social» a la configuración de los Estados democráticos modernos, y como tales son reflejo de un proceso de conquista de derechos de diferente consideración pero que sirven como criterios guía de las políticas públicas, y que se han venido manifestando de forma evolutiva y progresiva en el proceso histórico de protección de los derechos de diferente consideración[154]. En esa evolución los derechos sociales

---

Jurídico Séptimo (ECLI: ES:TS:2019:1131)

154 RALLO LOMBARTE, A., "Los derechos de los ciudadanos europeos", *Cuadernos de la Cátedra Fadrique Furió Ceriol*, núm. 5, Valencia, 1993, p. 86.

surgen tras ser reconocidos los derechos humanos de primera generación en los que prima la idea de proteger al ciudadano y su libertad frente al Estado. Los Estados democráticos han evolucionado hasta el reconocimiento de un buen elenco de derechos de carácter social. Una gran parte de los derechos sociales recibe diferente consideración jurídica, pero es usual que falte en ellos un componente de exigibilidad. Es decir, aunque estén reconocidos normativamente, y según algunos autores, son relevantes para el ciudadano en cuanto coadyuvan a la matización de los ideales del liberalismo puro, al facilitar al ciudadano la posibilidad de preservar su libertad con el apoyo estatal[155], para que fuese una libertad acorde con el estado del bienestar, los mismos no cuentan, en la mayoría de casos, con mecanismos jurídicos para lograr y exigir su efectividad al poder público. A pesar de la identificación que se encuentra entre los conceptos de estado social y estado de bienestar, parte de la doctrina científica atribuye a este último un carácter político, mientras que al Estado social se le reconoce naturaleza jurídica[156].

Son, por tanto, una realidad en evolución, pero el hecho de que la mayoría de Constituciones hayan sido aprobadas en un momento en que los derechos sociales aún no habían ganado suficiente relevancia, les relega muy frecuentemente, a ese lugar meramente programático de las políticas públicas, lo que dificulta su efectividad. En la actualidad, tales valores sociales vienen fomentados a través de los conceptos de responsabilidad social, sostenibilidad, y ética pública, que aparecen conectados entre sí, dada su predeterminación al fomento de esos

---

155 GORDILLO PÉREZ, L. I., "Derechos Sociales y Austeridad", *Lex social: revista de los derechos sociales,* Vol. 4, N°. 1, 2014, p. 37.

156 RODARTE LEDEZMA, L.E., "Efectividad de los derechos sociales en España", *Revista Latinoamericana de Derecho Social,* N°. 31, 2020, pp. 57 y 58.

valores más allá de la ley. Inicialmente, la atención de necesidades sociales se realizaba a través de ayudas concedidas por el Estado, para ir evolucionando hacia su reconocimiento primero, como objetivo de las políticas públicas, y después, para adquirir el estatus jurídico de derecho subjetivo[157], lo que no se ha producido aún en todos los casos y es diferente en cada país. Existe cierto consenso en considerar que son derechos sociales los que afecten al ámbito de la salud, educación, seguridad social, vivienda, y trabajo. Así, será cada Constitución la que determine qué derechos se incluyen con este carácter en ella, y la que determine si, en su configuración jurídica, realmente son derechos o principios inspiradores. En este sentido, cabe destacar que los derechos sociales sólo adquieren la consideración de derecho cuando su configuración normativa permita identificarlos con un auténtico derecho subjetivo, con la consecuencia de que el titular de los mismos queda legitimado para exigir su cumplimiento ante los juzgados y tribunales, lo que no se ha reconocido en la mayoría de los casos respecto de los denominados «derechos sociales».

A pesar de todo, los derechos sociales son concebidos por un amplio sector doctrinal como auténticos derechos humanos[158], aunque en muchos países no ostentan la condición de derecho fundamental. Precisamente, ese elemento de su reconocimiento constitucional, como derecho fundamental, es el que determina que un derecho humano pase a ser considerado como tal[159]. Sin embargo, el hecho de que no se les reconozca carácter fundamental a algunos de los derechos sociales

---

157 ARANGO RIVADENERIRA, R., "Derechos sociales", en FABRA ZAMORA J. L. Y NÚÑEZ VAQUERO A., *Enciclopedia de filosofía y teoría del derecho,* Vol. 2, 2015, p. 1678.

158 ARANGO RIVADENERIRA, R., "Derechos sociales", 2015, op. cit., p. 1679.

159 AGUILAR CAVALLO, G., Derechos Fundamentales-Derechos Humanos. ¿Una distinción válida en el siglo XXI?, *Boletín Mexicano de*

es consecuencia de que no son derechos humanos de primera generación, sino surgidos en las generaciones posteriores[160], y que su identificación como tales ha sido evolutivamente posterior al momento en que se aprobaron la mayoría de Constituciones. Con independencia de ello, la afinidad entre los considerados derechos fundamentales con los derechos humanos, separados sólo por el reconocimiento constitucional de los primeros, permite seguir asimilándolos a una especie categórica reconocida por la comunidad internacional como situaciones a proteger desde la dimensión de la ética pública[161]. Esto, sin embargo, algunas constituciones sí los reconocen, pero los ubican sistemáticamente en lugares que no permiten identificarlos con un derecho fundamental, al no regularlos junto con los derechos fundamentales equivalentes a los derechos humanos de primera generación, y esto incide en los mecanismos que permiten lograr su efectividad. Fundamentalmente, el problema radica en que, a diferencia de los derechos civiles o políticos, los derechos sociales no suelen tener eficacia directa e inmediata[162], o al menos, no la tienen en todos los casos. Sin embargo, la buena administración puede servir para lograr mejoras en relación con la efectividad de los mismos.

De este modo, situándonos en el ámbito de la Unión Europea, en el fracasado proyecto de Constitución europea los derechos sociales quedaron relegados a un segundo plano[163].

Derecho Comparado, número 127, 2010, p. 24, con cita a PÉREZ LUÑO, A.E., *Los derechos fundamentales,* Tecnos, Madrid, 2005, p. 46.

160 RODARTE LEDEZMA, L. E., 2020, op. cit., p. 64.

161 BARRERO ORTEGA, A., "Derechos sociales y descentralización política", *Lex social: revista de los derechos sociales,* Vol. 3, N°. 1-2013, p. 30.

162 HERREROS LÓPEZ, J. M., "La justiciabilidad de los derechos sociales", *Lex social: revista de los derechos sociales* núm. 1-2011, julio-diciembre 2011, p. 78.

163 REY PÉREZ, J. L., "El futuro de los derechos sociales. Miscelánea Comillas", *Revista de Ciencias Humanas y Sociales,* Vol. 67, N° 130

Y precisamente, también así ocurre en el derecho español, donde la misma Constitución española encuadra los derechos sociales en su Capítulo III del Título I, bajo el epígrafe de los principios rectores de la política social y económica, siendo este apartado de la Constitución española donde se aprecia la faceta social del Estado español en la actualidad. Ello conlleva que los derechos incluidos con ese carácter deben ser considerados como informadores de la legislación positiva, la práctica judicial y la actuación de los poderes públicos, pudiendo ser alegados ante la jurisdicción ordinaria de acuerdo con lo que dispongan las leyes que los desarrollen, pero se ven fuera del ámbito de protección otorgado por la tutela judicial efectiva que encontramos a disposición de los derechos subjetivos, sobre la base que ofrece el artículo 24.1 CE, o de la que resultaría aplicable a los derechos fundamentales, sobre la base de los artículos 2.a), 8.6, 10.8, y especialmente, de los artículos 114 y siguientes de la Ley 29/1998, de 13 de julio, reguladora de la Jurisdicción Contencioso-Administrativa española, que regula el procedimiento especial para la protección de los derechos fundamentales vulnerados en la actividad administrativa[164], o de forma más específica, a través del amparo constitucio-

(Ejemplar dedicado a: Los Derechos Humanos, un reto permanente), 2009, p. 258.

164 La posibilidad de acceder a la justicia para controlar la actividad administrativa, no ha sido un criterio generalmente aplicado desde sus inicios en todos los países, de hecho, un buen número de países europeos aplicaban un sistema en el que la propia Administración revisaba sus propios actos. Para lograr instaurar un sistema de control judicial de la actividad administrativa ha sido fundamental la STEDH dictada en el caso *Benthem contra Holanda*, en 1986 (posteriormente contra Suecia, Austria, Suiza), por la que se obligó a dichos países a establecer un sistema de recurso judicial de los actos administrativos mediante tribunales judiciales contencioso-administrativos independientes.

nal que descansa sobre el artículo 53.2 CE[165]. Al margen de esta cualificación como derecho fundamental, también cabe su aplicación para el control judicial ordinario de la actividad administrativa, y a modo de ejemplo, podemos referirnos a la STS, Sala Tercera de lo Contencioso-administrativo de 29 de noviembre de 2006[166], que aplicó el parámetro de la buena administración, con cita expresa de la Carta de Derechos Fundamentales de la Unión Europea, para controlar la legalidad de un acto administrativo de un gobierno autonómico en relación con la Declaración de Impacto Ambiental efectuada y la conveniencia de ejecutar un proyecto relativo a un proyecto de extracción de granito.

Así, a pesar de que entendemos que la evolución futura de los derechos sociales, tal vez permita lograr el pleno reconocimiento de mayor protección jurídica para reclamarlos, aún no se puede afirmar que esto sea así, pero ya existen voces que atisban cierto reconocimiento del carácter fundamental de algunos derechos sociales en el ámbito de la Unión Europea y, en concreto, a través de la jurisprudencia del Tribunal de Justicia de la Unión Europea, debido a que algunas de sus sentencias reconocen, aún con ciertas limitaciones, el carácter fundamental a diversos derechos sociales. Así, se ha reconocido el carácter fundamental, por ejemplo, de las medidas de conflicto colectivo, como parte de los principios generales del derecho de la Unión Europea[167], o la imposición de limitaciones a la realización de despidos sobre el derecho a la no discriminación

---

165 HERREROS LÓPEZ, J. M., "La justiciabilidad de los derechos sociales", *Lex social: revista de los derechos sociales* núm. 1-2011, julio-diciembre 2011, p. 83.

166 STS, Sala Tercera de lo Contencioso-administrativo, de 29 de noviembre de 2006 (RJ2007\8317)

167 STJUE de 18 de diciembre de 2007, en el caso *Laval un Partneri* (C-341/05), apartado 91.

por razón del sexo o por motivos de discapacidad[168]. También el TJUE ha contribuido a la consolidación de otros derechos sociales en el ámbito laboral, de base normativa, como el derecho a unas vacaciones retribuidas[169], o el establecimiento de un límite de tiempo máximo de trabajo semanal[170].

La protección de los derechos sociales que caracteriza al Estado social, en el momento actual, pueden alcanzar cierta efectividad a través de la buena administración, en relación con el concepto de responsabilidad social de las Administraciones públicas entre los que se generan ciertas sinergias, al tener en común el elemento de ética pública. También se han estudiado otras estrategias para lograr la efectividad de los derechos sociales, destacando, entre ellas por descansar sobre el principio de legalidad, la posibilidad de lograr su exigibilidad directa identificando su inobservancia con el incumplimiento de un deber estatal[171].

Como es lógico, cuando no estamos ante un derecho que puede hacerse cumplir y exigirse por los cauces formales habilitados para los derechos fundamentales o para los derechos subjetivos, las vías que deben ser exploradas para su protección son las que podemos denominar informales. Precisamente, en este ámbito, el desarrollo de la dimensión informal del Derecho Administrativo es clave, ganando relevancia los mecanis-

---

168 STJUE de 11 de julio de 2006, en el caso *Chacón Navas* (C-13/05), *Recurso* p. I-6467.

169 STJUE de 26 de junio de 2001, *BECTU* (C-173/99), *Recurso* p. I-4881, apartado 43.

170 STJUE de 5 de octubre de 2004, *Pfeiffer* (C-397 a 403/01), *Recurso* p. I-8835), apartado 100.

171 Así, se ponen de relieve diversas estrategias para lograr la efectividad de los derechos sociales, y especialmente la vinculación con obligaciones atribuidas a los poderes públicos en la ley por ABRAMOVICH, V. y COURTIS, C., *Los derechos sociales como derechos exigibles*, Editorial Trotta, Madrid, 2002, 255 pp.

mos extranormativos que buscan mejorar el funcionamiento de las Administraciones públicas sobre la base ética, ya que la base normativa no es, todavía, suficientemente consistente a tal efecto. Sin embargo, una parte de la doctrina destaca que, en la actualidad, existe una tendencia a identificar los derechos sociales con auténticos derechos subjetivos públicos, lo que permite articular la pretensión[172]. De hecho, algunos autores abogan por eliminar de raíz el planteamiento de que existe una diferencia entre los derechos civiles y políticos frente a los sociales, por la cual los primeros son derechos subjetivos plenos y gozan de toda la protección que se deduce de los mismos, mientras que los derechos sociales son principios programáticos sin valor jurídico intrínseco, y respecto de los que sólo puede reconocerse cierto valor político[173].

Otros autores consideran que la protección formal de los derechos sociales puede obtenerse por vía indirecta a través de otros derechos que sí disfrutan de mayor reconocimiento como derechos fundamentales o como derechos subjetivos. En este caso, el mecanismo de control o de protección es de carácter formal, pero no se aplica directamente sobre el derecho social no cualificado como fundamental o considerado como subjetivo. Se trataría de utilizar cualquiera de las anteriores vías de carácter formal, pero de modo indirecto. Especialmente, esto ha sido aplicado para la defensa de algunos de estos derechos buscando la identificación de la situación de desprotección con una situación discriminatoria, esto es, de falta de observancia del derecho fundamental a la igualdad, que en

---

[172] PONCE SOLÉ, J., "Reforma constitucional y derechos sociales: la necesidad de un nuevo paradigma en el derecho público español". *Revista Española de Derecho Constitucional*, nº 111, 2017, p. 75. doi: https://doi.org/10.18042/cepc/redc.111.03.

[173] HERREROS LÓPEZ, J. M., "La justiciabilidad de los derechos sociales", 2011, op. cit., p. 80.

España regula el artículo 14 CE y es, por tanto, objeto de protección como tal por los cauces regulados a tal efecto, siendo esta una vía extraordinariamente útil para proteger de modo indirecto los derechos sociales no amparables[174].

También se pretende defender de forma indirecta la posibilidad de lograr la efectividad de los derechos sociales sobre la argumentación de que el reconocimiento de los mismos tiene una estrecha conexión con la dignidad humana[175], que sí es uno de los derechos humanos que quedan generalmente constitucionalizados. En relación con la posibilidad de su protección indirecta vinculándolos a derechos de mayor entidad jurídica, existen voces que diferencian el concepto de derecho del de garantía con la finalidad de dirimir cómo se puede apoyar la protección de los derechos sociales en tales garantías e incluso en otras, a las que se les reconoce una fuerte dimensión ética, y que por ello, recogerá los valores de dignidad, libertad, igualdad y solidaridad, todo ello desde la perspectiva de la teoría de la norma y del sistema jurídico[176]. Desde este punto de vista, esa dimensión ética materializada en tales valores, daría lugar a que los mismos sean concebidos como garantías de otros derechos de diferente índole. Ello es porque las garantías no forman parte del mismo derecho en sí, sino que se podrían considerar como mecanismos o instituciones llamadas a hacer efectivo el contenido de los derechos, como vehículos a través de los que los derechos y deberes se materializan[177]. Así, tales

---

174 DÍAZ CREGO, M., "Derechos sociales y amparo constitucional", *Revista Vasca de Administración Pública. Herri-Arduralaritzako Euskal Aldizkaria*, Nº 94, 2012, p. 21.

175 HERREROS LÓPEZ, J. M., "La justiciabilidad de los derechos sociales", 2011, op. cit., p. 83.

176 REY PEREZ, J. L., "El futuro de los derechos sociales. Miscelánea Comillas", 2009, op. cit., p. 260.

177 REY PEREZ, J. L., "El futuro de los derechos sociales. Miscelánea Comillas", 2009, op. cit., p. 262.

derechos-garantía son útiles para lograr la efectividad de otros derechos, sin perder su propia autonomía como derechos independientes, pero también son herramientas aplicables para la mejor defensa de los derechos sociales, y que suman esfuerzos, en este sentido, con otros mecanismos como lo son la buena administración y la responsabilidad social aplicada a las Administraciones públicas. Como se ha expuesto en epígrafes anteriores en ambas hay un punto de conexión a través del componente de ética pública que encontramos en ellas. Desde este punto de vista, ambos conceptos y el de ética pública permiten gestionar lo público ajustándose a los valores morales acordes con el concepto de Estado de Derecho, con el que guarda una vinculación evidente[178].

La relación de la ética pública con el concepto de buena administración en la faceta de la misma que contacta con la responsabilidad social, es decir, como principio del Derecho administrativo, puede permitir la mejora de tales derechos sociales. En este sentido, y al tratar el aspecto conceptual de la ética pública, se ha destacado que es posible diferenciar la faceta negativa y la positiva de este concepto, y de este modo, hablaríamos de una ética pública de carácter negativo, dirigida a evitar comportamientos abusivos, entendiendo la ética como límite, y una ética de carácter positivo, dirigida a mejorar el servicio público no centrada, únicamente, sobre medios represivos o sanciones, sino también sobre medios preventivos y medidas de fomento de valores éticos en el ámbito de las Administraciones públicas[179], siendo este último el ámbito donde se

---

178 COVIELLO, P.J.J., "Reflexiones sobre la Ética pública", en ESPINOZA MOLLA, M. R. – RIZZI, G. (Coords.) *Ética pública y sistemas de responsabilidad del Estado y del agente público*, Ed. La Plata, Universidad Nacional de La Plata, 2017, p.139.

179 CARRO FERNÁNDEZ-VALMAYOR, J.L., "Ética pública y normativa administrativa", *Revista de Administración Pública*, nº. 181, Madrid, enero-abril, 2010, p. 13.

desarrolla la buena administración y la responsabilidad social pública.

En coherencia con ello, la buena administración tiene implicaciones legales, es decir, su contenido, se ha asentado sobre otros derechos reconocidos legalmente, pero también viene acompañada de otras formas de mejorar la actividad administrativa en su aplicación como principio del Derecho. Ello no sólo es aplicable en estos términos respecto de la buena administración en su configuración en el Derecho español, sino que resulta efectivo en aquellos países donde la buena administración se regula de forma programática con evidente carácter de *soft law.* En este sentido, el Código Iberoamericano de Buen Gobierno de 2006 y la Carta Iberoamericana de Derechos y Deberes de los ciudadanos ante la Administración Publica de 2013[180], que contiene numerosas referencias a la buena administración[181], y que, aunque nominativamente concibe el derecho a la buena administración como un auténtico derecho fundamental –en su artículo 1-, lo cierto es que su configuración legal no permite asimilarlo a un auténtico derecho fundamental o subjetivo a través de tales instrumentos jurídicos, dando lugar a que se aplicación se realice como principio de actuación administrativa.

---

180 Ambos documentos disponibles en el Centro Latinoamericano de Administración para el Desarrollo: https://clad.org/declaraciones-y-consensos/

181 PONCE SOLÉ, J. "El derecho a una buena administración y el derecho administrativo iberoamericano del siglo XXI. Buen gobierno y derecho a una buena administración contra arbitrariedad y corrupción", en ALONSO REGUEIRA, E. M. (dir.), *El control de la Actividad Estatal I, Discrecionalidad, División de Poderes y Control Extrajudicial,* Asociación de Docentes de la Facultad de Derecho y Ciencias Sociales de la Universidad de Buenos Aires, Ciudad Autónoma de Buenos Aires, 2016, p. 234.

Con independencia del reconocimiento como derechos de mayor entidad a los derechos sociales, en el derecho español, la acción de la buena administración sí permite la defensa de tales derechos de forma vehicular, a través de los derechos y garantías que la misma implica. Ello ocurre también en otros países como Francia, Italia y Bélgica, con especial calado en los países latinoamericanos[182], siendo evidencia de ello la Carta Iberoamericana de Derechos y Deberes de los ciudadanos ante la Administración Publica de 2013 cuyo Preámbulo declara: «La buena Administración Pública adquiere una triple funcionalidad. En primer término, es un principio general de aplicación a la Administración Pública y al Derecho Administrativo. En segundo lugar, es una obligación de toda Administración Pública que se deriva de la definición del Estado Social y Democrático de Derecho, especialmente de la denominada tarea promocional de los poderes públicos en la que consiste esencialmente la denominada cláusula del Estado social: crear las condiciones para que la libertad y la igualdad de la persona y de los grupos en que se integra sean reales y efectivas, removiendo los obstáculos que impidan su cumplimiento y facilitando la participación social. En tercer lugar, desde la perspectiva de la persona, se trata de un genuino y auténtico derecho fundamental a una buena Administración Pública, del que se derivan, como reconoce la presente Carta, una serie de derechos concretos, derechos componentes que definen el estatuto del ciudadano en su relación con las Administraciones Públicas y que están dirigidos a subrayar la dignidad humana»[183]. De este modo, nos interesa analizar las dimensiones esenciales de

---

182 MATILLA CORREA, A., *La buena administración como noción jurídico-administrativa*, Dykinson, Madrid, 2020, p. 55.

183 Preámbulo de la Carta Iberoamericana de Derechos y Deberes de los ciudadanos ante la Administración Publica de 2013, pp 2-3. Consultada el 9 de octubre de 2021 en: https://clad.org/declaraciones-y-consensos/

la buena administración para llegar a dilucidar de qué modo puede ser útil a los propósitos que se le atribuyen, analizando su contenido desde la perspectiva de su consideración como principio.

3.2. Aplicación de los aspectos de la buena administración a los derechos sociales

3.2.1. Imparcialidad

El Defensor del Pueblo europeo se refirió al principio de igualdad de trato en la Decisión sobre la reclamación 890/99/BB contra la Comisión Europea donde se dirimió si era un caso de mala administración que los trabajos para estudiantes en la Comisión durante las vacaciones de verano estuviesen exclusivamente reservados a los hijos de los empleados de la Comisión. La Decisión en este caso vino a esclarecer cuándo existe dicho trato no igualitario al declarar: «Los principios de la buena conducta administrativa exigen que la Comisión respete el principio de igualdad de trato en todas sus actividades. Los ciudadanos que se encuentran en situaciones similares deben recibir tratos similares. Si se les aplica un trato diferente, la Comisión debería asegurarse de que las características objetivas pertinentes del asunto concreto justifican la diferencia. Si la admisibilidad a un empleo remunerado en un organismo público depende de una relación familiar, se está violando el principio de la igualdad de trato». Por lo tanto, el Defensor del Pueblo resolvió que, en este caso, había existido mala administración[184], en aplicación a un derecho social como es el derecho al trabajo.

---

184 DEFENSOR DEL PUEBLO EUROPEO, 2001, op. cit., p. 167.

Precisamente, en relación con el trato imparcial considerado como derecho de la buena administración, ha sido aplicado al ámbito propio de la regulación del estatuto del empleado público por la STSJ Madrid (Sala Tercera), número 1128/2022, de 15 de febrero de 2022[185], al considerar que la prohibición de discriminación se extiende tanto a empresas del sector privado como a las Administraciones públicas, en lo referente al reconocimiento de ciertos derechos concedidos a los empleados públicos fijos (funcionarios de carrera, personal laboral indefinido y personal estatutario indefinido), a los empleados públicos con contrato de duración determinada (funcionarios interinos, personal laboral eventual y personal estatutario interino). En este sentido, derivándose de la jurisprudencia del TJUE la consideración de que la no discriminación o trato imparcial forma parte de la buena administración, se ha aplicado el mismo al reconocimiento de algunos derechos sociales en el ámbito laboral de las Administraciones públicas. En concreto se ha aplicado en materia de trienios[186], promoción interna[187], el reconocimiento de los sexenios por formación permanente[188], derecho a participar en sistemas de evaluación docente

---

185 STSJ Madrid (Sala Tercera), número 1128/2022, de 15 de febrero de 2022 (referencia ECLI:ES:TSJM:2022:1128), en su Fundamento de Derecho Sexto.

186 STJUE de 22 de diciembre de 2010, en el caso Gavieiro, Gavieiro e Iglesias Torres, números C-444/09 y C-465/09, y referencia EU:C:2010:819. También Sentencia del TJUE de 18 de marzo de 2011, en el caso Montoya Medina, número C-273/10, y referencia EU:C:2011:167; y STJUE de 9 de julio de 2015, en el caso Regojo Dans, número C-177/14, y referencia EU:C:2015:450

187 STJUE de 8 de septiembre de 2011, en el caso Rosado Santana, número C177/10, y referencia EU:C:2011:557.

188 STJUE de 9 de febrero de 2012, en el caso Lorenzo Martínez, número C-556/11, y referencia EU:C:2012:67

y a los complementos derivados[189], derecho a la reducción de la jornada[190], reconocimiento de la situación de servicios especiales[191], derecho a participar en el sistema de carrera profesional horizontal y al complemento retributivo derivado del mismo[192].

3.2.2. Plazo razonable

Los artículos 25 y 28 de la Carta Iberoamericana también se refieren a la tramitación y resolución de los asuntos de que conozcan las Administraciones, exigiendo que sean resueltas en plazo razonable al servicio de la dignidad humana. La Carta Iberoamericana determina que ello supone que las autoridades administrativas deberán resolver los expedientes que obren en su poder en los plazos establecidos, que deberán permitir una defensa jurídica adecuada de los ciudadanos, informando sobre el tiempo máximo de resolución previsto, en el marco de los medios materiales y las dotaciones de personas con los que cuente la Administración pública. En este caso, también en el ámbito de la Unión Europea se reconoce el mismo derecho como derecho integrante en la buena administración, en el artículo 41.1 de la CFDUE, habiendo sido aplicado por el Defensor del Pueblo, entre otros, en el caso concreto en el que un abogado italiano, envió un fax a la secretaría del BC-NET –Red de cooperación de empresas-, pidiendo información acerca de un formulario de solicitud para inscribirse en la convocatoria

---

189 Auto del TJUE de 21 de septiembre de 2016, en el caso Álvarez Santirso, número C-631/15, y referencia EU:C:2016:725

190 Auto del TJUE de 9 de febrero de 2017, en el caso Rodríguez Sanz, número C-443/16, y referencia EU: C:2017:109

191 STJUE de 20 de diciembre de 2017, en el caso Vega González, número C-158/16, y referencia EU:C:2017:1014

192 Auto del TJUE de 22 de marzo de 2018, en el caso Centeno Meléndez, número C-315/17, y referencia EU:C:2018:207

publicada en el Diario Oficial de 3 de julio de 1999, cuyo plazo expiraba el 31 de diciembre del 2001 (según la información publicada en el Diario Oficial), y la respuesta recibida de la secretaría del BC-NET, por el solicitante, en fecha 25 de febrero del 2000, fue que la convocatoria se había clausurado ya, en esa fecha, de forma anticipada. En este supuesto, que fue resuelto por la Decisión sobre la reclamación 500/2000/IP (Confidencial) contra la Comisión Europea, el Defensor del Pueblo concluyó que «Los principios de la buena administración exigen que las instituciones y órganos de la UE den respuesta correcta y puntual a las peticiones de información que les formulen los ciudadanos»[193]. A este caso, también le resultaría aplicable la configuración del derecho a ser informado puntualmente de las decisiones administrativas que puedan afectar al ciudadano, ya que «Los principios de la buena administración exigen que las instituciones y órganos de la UE informen puntualmente a los ciudadanos implicados en las decisiones y las medidas administrativas que se adopten», como resolvió el mismo Defensor del Pueblo en otra Decisión sobre la reclamación 78/99/OV contra el Parlamento Europeo, en el caso de un concurso de proyectos convocado por el Parlamento Europeo en el que no se informó debidamente a los participantes de la gestión del mismo en cuanto a las muestras presentadas[194]. El mismo derecho suele recogerse generalmente en las normas reguladoras del procedimiento administrativo de los Estados miembros de la Unión Europea, al prever un plazo para notificar las decisiones administrativas, lo que recoge el derecho español en el artículo 40.2 de la Ley 39/2015, estableciendo un plazo de diez días para cursar esa notificación desde que se adoptase la resolución. Ello tiene también una referencia expresa en la Carta Iberoamericana, como derecho a ser noti-

---

193 DEFENSOR DEL PUEBLO EUROPEO, 2001, op. cit., p. 178.

194 DEFENSOR DEL PUEBLO EUROPEO, 2001, op. cit., p. 110.

ficado por escrito en los plazos y términos establecidos en las disposiciones correspondientes y con las mayores garantías, de las resoluciones que les afecten, que recoge el artículo 44 de la Carta Iberoamericana.

En relación con ello, en el derecho español incide el principio de celeridad previsto en la ordenación del procedimiento administrativo, referido en el artículo 71.1 de la Ley 39/2015. Y, especialmente, debe ser considerada la regulación de la institución jurídica del silencio administrativo, ya que, si la autoridad no actuara en el plazo previsto, «el interesado quedaría protegido de una demora mayor por la norma, según la cual, la falta de respuesta constituye una decisión denegatoria. Esta última norma se creó para procurar al ciudadano la posibilidad de obtener una solución legal aun cuando la autoridad no cumpla con sus obligaciones legales, aunque de ningún modo da derecho a dicha autoridad a desatender los principios de buena administración en el desempeño de sus obligaciones», como aclaró el Defensor del Pueblo en la Decisión sobre la reclamación 1479/99/(OV)/MM contra la Comisión Europea, en un caso de retraso injustificado al resolver[195].

Desde un punto de vista práctico, podemos destacar en su aplicación a los derechos sociales, la situación excepcional de suspensión de plazo analizada por el Auto del Tribunal Supremo (Sala Tercera) número 2429/2022, de 15 de febrero de 2022, en el caso en que el plazo de tramitación de un procedimiento administrativo para la concesión de ayudas para la digitalización fue suspendido, pues se consideró que, a pesar de los inconvenientes de paralizar el plazo, procedía la suspensión del procedimiento, mientras no se resolviera por el Tribunal de Justicia de la Unión Europea sobre el fondo del asunto, ponderando los efectos que podría implicar posterior-

---

195 DEFENSOR DEL PUEBLO EUROPEO, 2001, op. cit., p. 173

mente tal decisión[196]. En el caso indicado, se consideró que las consecuencias de no suspender la tramitación podrían ser más perjudiciales que resolver con mayor celeridad. Todo ello nos lleva a la conclusión de que los derechos incluidos en la buena administración, aunque se configuran para beneficiar al ciudadano en sus relaciones con las Administraciones públicas, precisamente, atendiendo a esta misma finalidad pueden ser matizados y aplicados de forma diferente, pues, lo verdaderamente importante es lograr que queden preservadas las garantías aplicables al ciudadano.

3.2.3. Motivación

El derecho a la motivación de las actuaciones administrativas que se recoge como parte de la buena administración, como derecho o incluso como faceta la dimensión fundamental del mismo, también puede ser aplicado como principio o guía en relación con los derechos sociales, tanto en el derecho español como en el Derecho de la Unión Europea. En este sentido, la motivación es un requerimiento de la buena administración, igualmente en el artículo 26 de la Carta Iberoamericana, e implica que todas las actuaciones de la Administración pública deban estar amparadas en razonamientos inteligibles para todo ciudadano acreditándose la objetividad que preside su entero y completo quehacer.

En este sentido, el Defensor del Pueblo europeo, perfiló el deber de motivar, destacando que no sólo implica aducir los motivos que fundamentan la decisión administrativa, sino que estos deberán ser claros y coherentes, ya que, como expuso en la Decisión sobre la reclamación 1346/98/OV contra la

---

[196] Auto del Tribunal Supremo (Sala Tercera) número 2429/2022, de 15 de febrero de 2022, Razonamiento jurídico Segundo (Referencia ECLI:ES:TS:2022:2429A).

Comisión Europea relativa a un caso de falta de respuesta a la correspondencia recibida por la Comisión, los «principios de la buena administración exigen que cuando una decisión afecte de forma adversa a un particular, se expliquen a éste los motivos en los que se basa y se indiquen claramente los hechos pertinentes y la base legal de la decisión»[197], y además, «el hecho de aducir diferentes motivos de una decisión en ocasiones diferentes es una práctica que puede confundir a un ciudadano y no indica las verdaderas razones de la decisión. Por lo tanto, (el caso analizado) constituía un caso de mala administración»[198].

Ello le da una mayor dimensión a la motivación regulada en buena parte de los derechos internos de los Estados miembros, porque no sólo es necesario que se ofrezca en las decisiones que perjudiquen al ciudadano tal motivación, sino que debe realizarse de un modo que sea comprensible y cumpla la finalidad por la que se exige, que es que el ciudadano comprenda los fundamentos de la decisión. Todo ello, en realidad, está conectado con la posibilidad de acceder a un recurso posterior, y verificar que no ha existido discriminación o un trato desigual, estando, por tanto, conectada con otras facetas de la buena administración, y ayuda a configurar precedentes administrativos.

3.2.4. Derecho a la tutela judicial efectiva frente a las Administraciones públicas: el acceso al control judicial de las decisiones administrativas

El control judicial de las decisiones administrativas, incluido en el artículo 27 de la Carta Iberoamericana como derecho

197 DEFENSOR DEL PUEBLO EUROPEO, 2001, op. cit., p. 160.

198 DEFENSOR DEL PUEBLO EUROPEO, 2001, op. cit., p. 160.

a la tutela judicial efectiva en el ámbito administrativo supone que, como garantía de los demás derechos, la sustanciación del procedimiento administrativo estará sujeto a posible revisión judicial para verificar que la Administración haya actuado sometida plenamente a la Ley y al Derecho, procurando que el ciudadano interesado no pueda encontrarse en situación de indefensión. La vinculación a la ley no se reconoce expresamente como derecho de la buena administración en el derecho de la Unión Europea y de los Estados miembros, en general, pero sí como principio administrativo fundamental, encarnado en el principio de legalidad, que también se concreta en relación con la configuración legal de otros derechos, dispensando una protección fuerte a modo de tutela administrativa efectiva, ya que el control de la legalidad es el ámbito en el que se despliega el control judicial de la actividad administrativa. En concreto, a tal fin, esto es, para eliminar situaciones de indefensión del ciudadano frente a las potestades administrativas, el derecho que se recoge, en el acervo comunitario, es el derecho a ser oído o derecho de audiencia, declarado en el artículo 41.2 CDFUE, y también recogido en el artículo 31 de la Carta Iberoamericana de forma separada, como derecho a ser oído siempre antes de que se adopten medidas que les puedan afectar desfavorablemente se refiere el artículo 31 de la Carta Iberoamericana. En el derecho español existen manifestaciones de este derecho reconocidas con normas con rango de ley, siendo tales, por ejemplo: el trámite de audiencia al interesado, previsto en los artículos 82 y 118 de la Ley 39/2015, el derecho a formular alegaciones durante todo el procedimiento hasta el momento anterior al trámite de audiencia, que prevé el artículo 76.1 de la Ley 39/2015, que también regula la Carta Iberoamericana como derecho a formular alegaciones en el marco del procedimiento administrativo, como recoge en su artículo 35. Esta posibilidad se reconoce, al igual que se regula en el derecho español, con independencia de las audiencias e informaciones públicas que estén previstas en el ordenamiento jurídico correspondiente, y los ciudadanos interesados podrán formular las alegaciones que estimen pertinentes, siempre que estén convenientemente argumentadas, de acuerdo con el procedimiento administrativo.

También se puede relacionar este derecho con el derecho regulado en España a disponer de un traductor o a la asistencia jurídica gratuita para algunos trámites administrativos que deban realizar los extranjeros en España, conforme al artículo 22.2 de la Ley Orgánica 4/2000, que reconoce derecho a la asistencia letrada en los procedimientos administrativos que puedan llevar a la denegación de entrada, devolución, o expulsión del territorio español y en todos los procedimientos en materia de protección internacional, así como a la asistencia de intérprete si el interesado no comprende o habla la lengua oficial que se utilice, siendo estas asistencias gratuitas, cuando carezcan de recursos económicos suficientes según los criterios establecidos en la normativa reguladora del derecho de asistencia jurídica gratuita. Con ello, se busca eliminar la indefensión que causa el desconocimiento de la lengua y la falta de recursos económicos[199].

3.2.5. Participación ciudadana y transparencia administrativa

Se regula también el derecho de participación en las actuaciones administrativas en que el ciudadano tenga interés, especialmente a través de audiencias y de informaciones públicas,

---

[199] En relación con las garantías procedimentales en los procedimientos de extranjería, que generan una caracterización especial de la buena administración en relación con los mismos, vid. LARA ORTIZ, M.L., "Las garantías de los procedimientos administrativos de extranjería", en FERNÁNDEZ CABRERA, M. y FERNÁNDEZ DÍAZ, C.R. (Dir.), *Retos del Estado de Derecho en materia de inmigración y terrorismo,* Ed. Iustel, Madrid, 2022, p. 319.

que permite al ciudadano participar, a tenor de lo dispuesto en la Carta Iberoamericana de Participación Ciudadana en la Gestión Pública, en los procedimientos de elaboración de disposiciones de carácter general, de acuerdo con lo dispuesto en el ordenamiento jurídico correspondiente, que reconoce el artículo 32 de la Carta Iberoamericana.

En España, este último derecho de participación se trata en relación con la transparencia administrativa existiendo previsiones al respecto en la Ley 19/2013 de transparencia, acceso a la información pública y buen gobierno, y en las leyes de transparencia de las comunidades autónomas[200]. La transparencia administrativa regulada en el Derecho español, también se puede identificar en otros aspectos con la buena administración, concretamente en lo referente al derecho a conocer y a opinar sobre el funcionamiento y la calidad de los servicios públicos y de responsabilidad administrativa para lo cual la Administración pública deberá propiciar el uso de las TICS –derecho reconocido en su artículo 34 de la Carta Iberoamericana–, que, aunque se reconoce al margen del derecho a la buena administración, tiene con ella una conexión indiscutible. Por su parte, el Defensor del Pueblo europeo considera que la buena administración incluye un modo de proceder transparente, de hecho, en su Informe anual de 2020, declara, con motivo de la conmemoración de veinticinco años de actividad que, la actividad desplegada en ese periodo le erige en sólido defensor de la transparencia y las normas éticas en la Administración

---

200 Concretamente, por lo que afecta a su regulación en la Comunidad Valenciana, la Ley 1/2022, de 13 de abril, de Transparencia y Buen Gobierno de la Comunitat Valenciana, deroga parcialmente la Ley 2/2015, de 2 de abril, de la Generalitat, en materia de transparencia y de regulación del Consejo de Transparencia, Acceso a la Información Pública y Buen Gobierno.

de la Unión Europea[201], apreciándose este rasgo a través de su constante actividad. En este sentido, y de forma similar, la Carta Iberoamericana recoge otros derechos como parte de la buena administración que, en España, conforman parte de la regulación de la transparencia administrativa, como son el derecho de ser informado y asesorado en asuntos de interés general –reconocido en su artículo 40 de la Carta Iberoamericana-; el derecho a conocer las evaluaciones de gestión que hagan los entes públicos y a proponer medidas para su mejora permanente de acuerdo con el ordenamiento jurídico correspondiente –reconocido en su artículo 37 de la Carta Iberoamericana-; el derecho de acceso a la información pública y de interés general, así como a los expedientes administrativos que les afecten en el marco del respeto al derecho a la intimidad y a las declaraciones motivadas de reserva, que habrán de concretar el interés general en cada supuesto en el marco de los correspondientes ordenamientos jurídicos –reconocido en su artículo 38 de la Carta Iberoamericana-. De forma similar, en el marco de la Unión Europea, también el Defensor del Pueblo europeo se pronuncia sobre el hecho de que todos estos elementos de la transparencia administrativa se deben incluir en el elenco de derechos de la buena administración. De hecho, la transparencia y el derecho de acceso son esenciales, porque como se ha señalado, la falta de transparencia dificulta el control[202], por ello, una adecuada regulación de la transparencia administrativa, que logre que sea real, permite el control ciudadano de los estándares de buena administración.

---

201 DEFENSOR DEL PUEBLO EUROPEO, *Informe anual de 2020*, 2021, Disponible en: https://www.ombudsman.europa.eu/es/publication/es/141317, último acceso el 8 de julio de 2022.

202 TOMÁS MALLÉN, B., *El derecho fundamental a una buena administración*, Instituto Nacional De Administración Pública, Madrid, 2004, p. 73.

Para precisar esta faceta de la buena administración en relación con la transparencia, podemos citar la Decisión del Defensor del Pueblo europeo sobre la reclamación 288/99/ME contra el Parlamento Europeo, en relación con las dietas a cobrar por una traductora en los servicios prestados al Parlamento europeo, en la que el Defensor del Pueblo «considera como una buena conducta administrativa facilitar una información clara y comprensible. (...) ello implica que la información facilitada sea la correcta»[203], y lo «más precisa posible»[204], como aclaró en su Decisión sobre la reclamación 1011/99/BB contra el Consejo de la Unión Europea, al tramitar una reclamación por falta de información en un procedimiento de oposición de traductores a dicha Institución. Esta garantía se podría aplicar a todo tipo de procedimientos.

También en relación con la participación ciudadana, se configura el derecho en un sentido vehicular, tanto en relación con la forma de comunicarse con la Administración como en relación a la lengua utilizada para ello. Así, se reconoce el derecho a presentar por escrito o de palabra peticiones, de acuerdo con lo que se establezca en las legislaciones administrativas de aplicación, en los registros físicos o informáticos, y utilizando las lenguas oficiales reconocidas. Este derecho se reconoce en su artículo 29 de la Carta Iberoamericana, que también configura como derecho del ciudadano a la elección de la forma de relación del mismo con la Administración pública, lo que tiene relación con la posibilidad de que se utilicen medios presenciales o telemáticos –salvo para aquellos grupos de ciudadanos que, por sus condiciones objetivas tienen obligación de utilizar vías electrónicas-, y permite que se elija, por el ciudadano, la lengua en que quiere dirigirse a la Administración y recibir comunicaciones de entre las lenguas cooficiales del país. Este

---

203 DEFENSOR DEL PUEBLO EUROPEO, 2001, op. cit., p. 139.

204 DEFENSOR DEL PUEBLO EUROPEO, 2001, op. cit., p. 144.

criterio, aplicado como principio general, no tienen equivalente en toda su extensión en la CDFUE, que sólo se refiere al aspecto lingüístico pero, siendo menor su extensión material, se reconoce con rango de derecho fundamental, al recoger el artículo 41.4 de la misma «Toda persona podrá dirigirse a las instituciones de la Unión en una de las lenguas de los Tratados y deberá recibir una contestación en esa misma lengua».

Frente a ello, existe cierto desarrollo en el derecho español sobre la forma de relacionarse el ciudadano con las Administraciones públicas, especialmente en lo referente al formato tradicional en papel o al formato digital, y que impone en el artículo 14 de la Ley 39/2015, la aplicación de medios digitales a cierto tipo de interesados a los que se le presupone solvencia en el acceso digital (funcionarios para sus asuntos propios en relación con la Administración a la que pertenecen, personas jurídicas, entidades sin personalidad, y profesionales colegiados, entre otros), permitiendo al margen de estas situaciones optar por uno u otro sistema libremente. La imposición de relacionarse digitalmente con las Administraciones Públicas actualmente contenida en la Ley 39/2015 puede encontrar cierta incompatibilidad con los recientemente proclamados Derechos digitales de la ciudadanía en sus relaciones con las Administraciones públicas, incorporados en la Carta de derechos digitales, del Gobierno de España, presentada en julio de 2021, y cuyas consideraciones previas determinan que la misma está sujeta al resto del Ordenamiento Jurídico español, prevaleciendo por tanto lo previsto en la Ley 39/2015 en su artículo 14 frente a la previsión de esta Carta –que es programática-, y que declara el derecho a la igualdad de las personas en el acceso a los servicios públicos y en las relaciones digitales con las Administraciones públicas. Probablemente, la Carta de Derechos Digitales pretende hacer una declaración a través de la que se considere que todos tienen derecho a utilizar los medios digitales al relacionarse con las Administraciones, pero la redacción actual genera cierta incompatibilidad con el hecho de que el artículo 14 la Ley 39/2015 impone, en España, su uso a determinados colectivos, mientras otros pueden elegir libremente si se relacionan con las Administraciones de forma digital o en papel, lo que no implica una situación exactamente de igualdad jurídica, aunque sí de desigualdad admisible, según la interpretación que el Tribunal Constitucional[205] hace del artículo 14 de la CE, en cuanto que se acomoda al principio de igualdad, la posibilidad de tratar de forma diferente a los desiguales, debido a que existen razones objetivas que permiten considerar que esos colectivos tienen acceso digital con toda seguridad, lo que no es más que el matiz interpretativo del principio de igualdad por el que se puede tratar de forma desigual a los que sean objetivamente desiguales, pero no en otros casos, ni por otros motivos.

3.2.6. Derecho a no presentar documentos que obren en poder de las Administraciones públicas

El derecho a no presentar documentos que ya obren en poder de la Administración pública, absteniéndose de hacerlo cuando estén a disposición de otras Administraciones públicas del propio país, se reconoce, como principio en el artículo 30 de la Carta Iberoamericana. Frente a ello la CDFUE no regula este derecho como parte de la buena administración con rango fundamental. Sin embargo, en el derecho español, el artículo 53.1.d) de la Ley 39/2015 sí recoge un derecho similar, al regular los que se reconocen al interesado en un procedimiento administrativo en sus relaciones con la Administración. Así, al interesado, en España, se le exime de presentar datos y documentos no exigidos por las normas aplicables al

[205] Sentencia 128/1987, de 16 de julio, Sala Segunda. Recurso de amparo 1123-85 contra sentencia a la que se imputa vulneración del derecho a la igualdad consagrado en el art. 14 C.E.

procedimiento de que se trate, que ya se encuentren en poder de las Administraciones Públicas o que hayan sido elaborados por éstas, por lo que sí deberá presentarlos si una norma así lo determina, aunque estén en poder de la Administración. La dispensa general a su presentación, que reconoce la Carta Iberoamericana, se basa en que las posibilidades de intercomunicación a través de las TICS de los registros de las distintas Administraciones públicas, que deben hacer posible que entre ellas se intercambien todos los documentos que obren en su poder y sean necesarios para que los ciudadanos tramiten sus solicitudes.

La buena administración ha dado lugar a que se dé respuesta normativa al uso de los medios técnicos necesarios tanto para que los ciudadanos se relacionen con la Administración pública, como para que las Administraciones públicas puedan estar interconectadas en el ejercicio de sus funciones y en aquellos casos en los que tienen deber de colaborar o acuerdan cooperar, por ejemplo, remitiendo copia o certificado de los documentos que obran en sus archivos en beneficio del ciudadano que no tiene obligación de presentarlos, cuando puede verse beneficiado de la dispensa a presentarlos ante la misma u otra Administración que pueden acceder a ellos directamente o solicitando la cooperación de otra Administración. Ello ha dado lugar, en España, al Sistema Nacional de Interoperabilidad, lo que ha posibilitado las relaciones interadministrativas a modo de colaboración entre ellas en materia tecnológica[206]. Ello se establece como herramienta útil desde la perspectiva interna de las relaciones interadministrativas, pero también en beneficio de los ciudadanos, en cuanto que, a través, de este

206 MARTINEZ GUTIERREZ, R., "Relaciones interadministrativas por medios electrónicos. Interoperabilidad", en GAMERO CASADO, E. (Dir.), *Tratado de procedimiento administrativo común y régimen jurídico básico del sector público,* Tirant lo Blanch, Valencia, 2017, p. 2894.

sistema pueden verse favorecidos por las mejoras normativas introducidas por la Ley 39/2015, por ejemplo, al crearse un Registro electrónico de apoderamientos[207], al que todas las Administraciones pueden acceder, entre otros. Con tal finalidad, se ha establecido en España un sistema homogéneo como es el Esquema Nacional de Interoperabilidad regulado por el Real Decreto 4/2010, de 8 de enero. Y actualmente, se está discutiendo la aplicación de nuevas tecnologías como la *blockchain* como base tecnológica para ciertos registros administrativos, lo que abre nuevas posibilidades en el ámbito del procedimiento administrativo digital[208].

3.2.7. Derecho a los servicios públicos y de interés general de calidad

El derecho de los ciudadanos a servicios públicos y de interés general de calidad –reconocido en su artículo 33 de la Carta Iberoamericana-, debe ponerse en relación con la Carta Iberoamericana de Calidad en la Gestión Pública, y por la cual los servicios de responsabilidad pública deben ofrecer a los usuarios determinados patrones o estándares concretos de calidad, que se medirán periódicamente, y se pondrán en conocimiento de los usuarios para que estos estén lo mejor informados posible, y puedan efectuar los comentarios y sugerencias que estimen pertinentes.

---

207 CAMPOS ACUÑA, C., *Comentarios a la Ley 39/2015 de procedimiento administrativo común, de las administraciones públicas,* Wolters Kluwer, Madrid, 2017, p. 81.

208 PEREIRO CÁRCELES, M., "La utilización del blockchain en los procedimientos de concurrencia competitiva", *Revista General de Derecho Administrativo, dentro del análisis monográfico "Derecho Público, derechos y transparencia ante el uso de algoritmos, inteligencia artificial y big data"* (Coordinado por BOIX PALOP A. y COTINO HUESO L.), nº 50, Iustel, Madrid, enero 2019.

En aplicación de un criterio similar, en el ámbito de la Unión Europea se ha determinado que las Administraciones públicas deben aplicar de oficio controles internos y rectificar las irregularidades que identifiquen, y ello porque, aunque este derecho, no está recogido expresamente en la CDFUE, en el caso en el que a SYSTEMS EUROPE S.A. se le concedió el contrato de suministros SEM/03/608/010, firmado en el marco del Programa de Suministro Eléctrico para Siria, a pesar de existir defectos en el proceso de licitación que se advirtieron posteriormente, el Defensor del Pueblo europeo consideró, en su Decisión sobre la reclamación 540/98/(XD)ADB contra la Comisión Europea que «Los principios de buena administración exigen que la institución actúe de un modo consecuente. En el asunto que nos ocupa, la Comisión no aplicó su propio proceso interno y aunque tuvo conocimiento de las irregularidades no llevó a cabo todos los controles necesarios antes de aprobar el contrato. No hay nada en el expediente que indique que el demandante fuera consciente de que la Comisión no había llevado a cabo un proceso correcto de aprobación. (...) En consecuencia, la actuación de la Comisión constituyó un caso de mala administración»[209]. Un ejemplo reciente del reconocimiento de derechos sociales a través de políticas públicas que permiten el acceso a servicios de interés general, y de su consideración a través de la buena administración, es el caso del «bono social», que se configura como una obligación de servicio público[210], según reconoció recientemente la

---

209 DEFENSOR DEL PUEBLO EUROPEO (2001), op. cit., p. 154.

210 Sentencia del TJUE de 14 de octubre de 2021 (asunto C-683/19), que indica que el bono social consta de dos elementos: por un lado, el descuento en el precio de la electricidad suministrada a determinados consumidores vulnerables, y, por otro lado, la aportación financiera destinada a cubrir el coste de ese descuento. Y aunque ambos aspectos están indisociablemente vinculados es posible establecer diferentes formas de financiar esta prestación.

STS (Sala de lo Contencioso-Administrativo, Sección Tercera), núm. 915/2022, de 2 de marzo de 2022[211].

3.2.8. Derecho a ser indemnizado

El artículo 36 de la Carta Iberoamericana se refiere también al derecho de los ciudadanos a denunciar los actos con resultado dañoso que sufran en cualquiera de sus bienes y derechos producidos por los entes públicos en el ejercicio de sus funciones. Derecho que se puede identificar con el derecho a ser indemnizado a través de la institución de responsabilidad patrimonial de las Administraciones públicas que recoge, con rango fundamental, el artículo 41.3 de la CDFUE al indicar «Toda persona tiene derecho a la reparación por la Comunidad de los daños causados por sus instituciones o sus agentes en el ejercicio de sus funciones, de conformidad con los principios generales comunes a los Derechos de los Estados miembros», que ya formaba parte del acervo comunitario a través del artículo 340 del Tratado de Funcionamiento de la Unión Europea (en adelante, TFUE), y que tiene normas equivalentes en los derechos nacionales de los Estados miembros, como ocurre en España, en los artículos 32 y siguientes de la Ley 40/2015, sobre régimen jurídico del sector público, donde tiene el carácter de derecho subjetivo, como derecho integrado en la buena administración. La Carta Iberoamericana no diferencia su aplicación a los derechos sociales y a los derechos subjetivos, sin embargo, en el Derecho español, la aplicación de este derecho se circunscribe a los derechos subjetivos.

---

211 STS (Sala de lo Contencioso-Administrativo, Sección Tercera), núm. 915/2022, de 2 de marzo de 2022, Referencia ECLI:ES:TS:2022:915.

3.2.9. Otras aplicaciones de los derechos integrados en la buena administración para la defensa de los derechos sociales

La Carta Iberoamericana, además, se refiere a otros derechos que no se recogen en la CDFUE como parte del derecho fundamental a la buena administración en el marco de la Unión Europea, pero que son reconocidos por normas en el derecho de la Unión Europea y en los Derechos nacionales de los Estados miembros, de forma general. Tales son: el derecho a presentar quejas y reclamaciones ante la Administración pública, además del derecho a presentar recursos contra actos o resoluciones de la Administración Pública de acuerdo con los correspondientes ordenamientos jurídicos, que el Derecho español reconoce el artículo 112 de la Ley 39/2015, como derecho subjetivo integrado en la buena administración; también el derecho a obtener copia sellada de los documentos que se presenten a la Administración pública (en formato físico o electrónico), reconocido en su artículo 39 de la Carta Iberoamericana, y, en España, en el artículo 66.3 de la Ley 39/2015; derecho a ser tratado con cortesía y cordialidad –reconocido en su artículo 41 de la Carta Iberoamericana-, que el Derecho español reconoce en el artículo 13.e) de la Ley 39/2015, con especial consideración en la Carta Iberoamericana a las personas vulnerables por diferentes motivos; se recoge, también, el derecho a conocer qué funcionario es responsable de la tramitación del procedimiento administrativo, como reconoce el artículo 42 de la Carta Iberoamericana, que el Derecho español reconoce en el artículo 53.1.b) de la Ley 39/2015; derecho a conocer el estado de los procedimientos administrativos que les afecten –reconocido en su artículo 43 de la Carta Iberoamericana-, que el Derecho español reconoce en el artículo 53.1.a) de la Ley 39/2015; el derecho a participar en asociaciones o instituciones de usuarios de servicios públicos o de interés general –reconocido en su artículo 45 de la Carta Iberoamericana-; el derecho a exigir el cumplimiento de las responsabilidades de las personas al servicio de la Administración Pública y de los particulares que cumplan funciones administrativas de acuerdo con el ordenamiento jurídico respectivo, como reconoce en su artículo 46 la Carta Iberoamericana, pudiendo para ello demandar directamente ante la Administración o ante los Jueces o Tribunales, las responsabilidades en que puedan haber incurrido los servidores públicos en el ejercicio de sus funciones, además del derecho a exigir la justa indemnización en plazo razonable por la lesión que puedan sufrir en sus bienes o derechos a causa del funcionamiento de los servicios públicos o de interés general, en los casos en que así se determine de acuerdo con el ordenamiento jurídico correspondiente.

En relación con este último derecho que recoge la Carta Iberoamericana, y que se refiere a la posibilidad de exigir responsabilidades a los funcionarios públicos de forma directa, en el derecho español no se configura del mismo modo, partiendo este criterio de una cuestión teórica o, incluso, dogmática del Derecho Administrativo, que descansa sobre la teoría del órgano y no del mandato –anteriormente admita, pero ya superada-. De este modo, aplicando la teoría del órgano[212], es crucial la relación de su aplicación con la exigencia de responsabilidad patrimonial a las Administraciones, y no directamente al funcionario, debido a que los actos de este se consideran realizados por la Administración pública a la que pertenece, pues actúa como instrumento o agente de ésta. Si se aplicara la teoría del mandato sí se podría exigir directamente responsabilidad al funcionario por parte del ciudadano, en los casos en los que se extralimitase al ejecutar las instrucciones del mandante (que sería, en este caso, la Administración a la que pertenece), o no cumpliese la ley. En cualquier caso, aplicando la teoría del órgano, los funcionarios y autoridades no son irresponsables, ya que, desde el punto de

---

212 MUÑOZ MACHADO, S., *Tratado de Derecho administrativo y Derecho público general*, Agencia Estatal Boletín Oficial Del Estado Madrid, 2017, p. 22.

vista de la responsabilidad patrimonial, puede la Administración a la que pertenecen, y que haya tenido que responder frente al ciudadano, derivar tal responsabilidad, en ciertos casos, al funcionario responsable, de conformidad con el artículo 36 de la Ley 40/2015. Y también serán responsables de su actuación a nivel interno, conforme al Real Decreto Legislativo 5/2015, de 30 de octubre, por el que se aprueba el texto refundido de la Ley del Estatuto Básico del Empleado Público, lo que también encuentra reflejo en los Códigos de conducta de los empleados públicos, a los que nos referiremos más adelante junto con los Códigos éticos de las Administraciones públicas, y que son un instrumento informal más orientado hacia la consecución de la buena administración.

3.3. Valor jurídico del reconocimiento del derecho a la buena administración

De la aproximación anterior a los sistemas reguladores de la buena administración tanto en el Derecho de la Unión Europea, en la Carta Iberoamericana de Derechos y Deberes de los ciudadanos ante la Administración Publica de 2013, y en el Derecho español, se puede llegar a considerar que se ha generado un importante consenso sobre el contenido y relevancia jurídica de la buena administración, que bien podría ser concebida como la piedra angular de un futuro Derecho Administrativo Global. Esto, sin embargo, deben ser realizadas dos apreciaciones de relevancia. La primera es que, como se ha podido verificar, la Carta Iberoamericana de Derechos y Deberes de los ciudadanos ante la Administración Publica de 2013 concede una mayor extensión a los derechos que forman la buena administración, y también incluye referencia expresa a los principios que, por su vinculación con el Estado de Derecho, deberíamos considerar parte integrante de este concepto. Además, va mucho más allá porque también recoge los deberes del ciudadano frente a las Administraciones públicas incluyendo los deberes de lealtad, buena fe, veracidad, responsabilidad, respeto y decoro, y colaboración. Se puede decir que la Carta Iberoamericana de Derechos y Deberes de los ciudadanos ante la Administración Publica de 2013, es un documento más evolucionado en cuanto a la delimitación del contenido del derecho de buena administración, hasta el punto de que puede considerarse un auténtico estatuto del ciudadano. Sin embargo, y esta es la segunda apreciación, es que el punto débil de la Carta Iberoamericana de Derechos y Deberes de los ciudadanos ante la Administración Publica de 2013 puede estar en su efectividad. Por un lado, el artículo 54 de la misma, nominativamente considera que el derecho a la buena administración pública es un derecho fundamental y lo vincula con los Derechos Humanos, declarando: «El derecho fundamental de la persona a la buena administración pública y sus derechos componentes tendrán la protección administrativa y jurisdiccional de los derechos humanos previstos en los diferentes ordenamientos jurídicos». Tal remisión a los ordenamientos jurídicos de los Estados firmantes, hace depender de lo previsto en cada Estado su ulterior tratamiento, y puede llegar a desvirtuar la eficacia protectora que se dispensa a la buena administración en este instrumento internacional, donde se configura como derecho fundamental, pero que, desde un punto de vista jurídico, se hace depender de la regulación que reciba la protección de los derechos humanos o fundamentales reconocidos en cada Estado. Así, en cada regulación, mientras no se reconozca el carácter de los mismos como derechos fundamentales o como derechos subjetivos, la consecuencia jurídica no será sino la de servir de inspiración a las políticas públicas, pero quedando deshabilitada la posibilidad de obtener un control judicial o incluso acceder al amparo constitucional, cuando se trate de aquellos derechos que, aunque reconocidos como derechos humanos, tengan sólo esta consideración. En la medida en que respecto de los derechos integrados en la buena administración se vayan reconociendo y lleven aparejadas consecuencias jurídicas en caso de incumplimiento, se puede ir evolucionando hacia la consolidación de la efectividad de este derecho a la buena administración pública, que servirá de instrumento para alcanzar la efectividad de otros derechos, incluso a aquellos que se consideran programáticos o inspiradores de políticas públicas.

Por su parte, la CDFUE reconoce el derecho a la buena administración con carácter fundamental en lo referente a la posición del ciudadano frente a las Administraciones de las Instituciones y Autoridades de la Unión Europea, pero no tiene el mismo efecto en cuanto a la aplicación del derecho a la buena administración de los ciudadanos en cada Estado miembro. Sin embargo, en muchos de ellos, aunque no se regule el derecho a la buena administración como tal, sí encontramos, como ocurre en el derecho español, el reconocimiento legal de una gran parte de los derechos que integran el concepto de buena administración, como derechos subjetivos, lo que, sin duda, permite alcanzar un alto grado de efectividad de este derecho porque permite litigar en defensa de los mismos.

La relevancia de la buena administración como elemento esencial del Derecho administrativo moderno queda patente, ya que, de entrada, la buena administración implica el cumplimiento de unos estándares de diligencia que trascienden las obligaciones normativas, y que, en definitiva, suponen que la Administración favorezca el cumplimiento de las garantías y el ejercicio de los derechos del ciudadano, fomentando su cumplimiento con una actitud proactiva en favor del mismo ciudadano. En relación con ello, debe ser considerado que no sólo las Administraciones territoriales, en toda su extensión estructural, son destinatarias de la reinterpretación de sus deberes y obligaciones para con los ciudadanos, a la luz de los parámetros de la buena administración. Todo ello es aplicable a todas las Administraciones institucionales, entes instrumentales, organismos públicos, corporaciones de Derecho público, y Administraciones independientes en cuyo régimen jurídico exista sujeción al Derecho Administrativo básico, tal y como se perfila en el artículo 149.1.18 de la Constitución española, y muy especialmente, en lo referente a la aplicación del procedimiento administrativo común, al régimen jurídico del sector público, y a las obligaciones resultantes del Estatuto Básico del Empleado Público, pues de estas normas surgen la mayoría de las bases legales que forman parte del elenco de garantías del ciudadano frente al poder ejecutivo.

De igual modo, los estándares de la buena administración deben ser observados en aquellos ámbitos de otros poderes públicos, en los que en su estatuto jurídico es aplicable el Derecho administrativo de forma extensiva, como medio de garantía del ciudadano frente al ejercicio de tal poder, lo que ocurre, sobre todo, en lo referente a la aplicación del procedimiento administrativo común, al régimen jurídico del sector público, y a las obligaciones resultantes del Estatuto Básico del Empleado Público. Tal aplicación extensiva se produce en los aspectos organizativos y administrativos de los poderes judicial y legislativo, y los órganos que están vinculados a los mismos, dejando al margen, desde luego, el ejercicio de sus funciones jurisdiccional y legislativa[213]. Ello es consecuencia del origen constitucional de todos ellos, y del hecho de que, como señala parte de la doctrina científica, «el derecho constitucional limita y dirige el desarrollo y la aplicación del derecho administrativo»[214]. En todos los casos en los que los estándares de la buena administración son aplicables, las posibilidades de su aplicación efectiva, radican en la concreción de las vías de defensa para lograr la efectividad de la buena administración.

---

213 SANCHEZ MORÓN, M., *Derecho Administrativo, Parte General,* 16ª edición, Tecnos, Madrid, 2020, pp. 65 y 66.

214 ARROYO JIMÉNEZ, L., "Derecho administrativo y Constitución española", *Revista de Administración Pública,* 209, mayo-agosto, 2019, p. 152.

Capítulo V.

Vías de defensa para lograr la efectividad de la buena administración

I. LAS RECLAMACIONES POR MALA ADMINISTRACIÓN ANTE EL DEFENSOR DEL PUEBLO

El Defensor del Pueblo tiene encomendada la defensa de los derechos fundamentales y libertades públicas «a cuyo efecto podrá supervisar la actividad de la Administración», conforme al artículo 54 de la CE y de la Ley Orgánica 3/1981, de 6 de abril, del Defensor del Pueblo (en adelante, LODF), y en el ámbito del Derecho de la Unión Europea, de forma similar esta función se desarrolla por el Defensor del Pueblo europeo, de conformidad con el artículo 228 del Tratado de Funcionamiento de la Unión Europea. En el informe anual del Defensor del Pueblo europeo de 1997, se clarificó el concepto de mala administración como aquella situación que se produce cuando un organismo público no obra de conformidad con las normas o principios a los que debe obligatoriamente atenerse. En 1998, el Parlamento Europeo aprobó una Resolución que aceptaba la definición. Y a lo largo de 1999, el Defensor del Pueblo y la Comisión mantuvieron un intercambio de correspondencia del que se deduce que la Comisión también estaba de acuerdo con esta definición[215].

Inicialmente este derecho se recogió como un derecho subjetivo de la ciudadanía a través del artículo 228 TFUE, y fue

---

[215] DEFENSOR DEL PUEBLO EUROPEO, 2001, op. cit., p. 19.

consolidado por la jurisprudencia del TJUE cuando declaró que «el Tratado reconoce a todo ciudadano, por un lado, el derecho subjetivo a plantear ante el Defensor del Pueblo reclamaciones relativas a casos de mala administración por parte de las instituciones u órganos comunitarios, con exclusión del Tribunal de Justicia y del Tribunal de Primera Instancia en el ejercicio de sus funciones jurisdiccionales, y, por otro lado, el derecho a ser informado del resultado de las investigaciones realizadas al respecto por el Defensor del Pueblo en las condiciones previstas en la Decisión 94/262 y en las normas de ejecución»[216].

Dado que está claro que no será buena administración todo lo que consideremos mala administración, es una garantía de la buena administración, la figura y actuación del Defensor del Pueblo, ya que el mismo tiene encomendada la función de defender a los ciudadanos frente a actuaciones encuadrables en lo considerado como mala administración. Ello es así, en todos los ordenamientos jurídicos que acogen esta figura, pero por delimitar su estudio, nos referiremos al Defensor del Pueblo europeo[217]. La misma CDFUE en su artículo 43 lo considera garantía de la buena administración, y le atribuye la competencia para conocer de los casos de mala administración en la acción de las instituciones u órganos comunitarios, con exclusión del Tribunal de Justicia y del Tribunal de Primera Instancia en el ejercicio de sus funciones jurisdiccionales. En este sentido, se considera como una garantía no judicial de la buena administración, habiéndose afirmado que la tutela efectiva no es únicamente la judicial; también las Administra-

---

216 STJUE de 3 de julio de 1997, caso *Smanor SA y otros contra Comisión,* asunto T-201/96, apartados 55 y 56.

217 Figura que se configuró con esta finalidad a semejanza del *Ombusdman,* que la Constitución Sueca de 1809 recogió para la defensa de los ciudadanos frente abusos del poder público.

ciones han de proteger el interés público sin lastimar derechos individuales por aplicación del principio de legalidad. Cuando se desentienden de esta obligación, en ocasiones se puede acudir a la protección jurisdiccional; en otras, como ocurre en los casos de mala administración, se puede acudir al Defensor del Pueblo[218], cuya base es la representación democrática en la defensa de la buena administración, al ser una figura, generalmente, vinculada a los Parlamentos.

Ello nos permite acudir a esta figura para reclamar frente a actuaciones de las Administraciones encuadrables en lo que consideramos contrario a la buena administración, esto es, cuando se lesione cualquiera de los derechos integrados en su concepto, ya sea con rango de Derecho Fundamental (en la UE), ya sea como infracción de cualquiera de los derechos considerados subjetivos, pero también se podrán plantear, como tales, aquellas infracciones de la buena administración considerada principio general guía de la actividad administrativa.

La actuación del Defensor del Pueblo una vez un ciudadano ha formulado una queja por mala administración incluye realizar funciones de mediación con la finalidad de que se respeten los derechos de los ciudadanos frente a la actuación de las Administraciones públicas. La intervención que, en algunos supuestos, realiza el Defensor del Pueblo se basa en los criterios de justicia material, equidad y de oportunidad, y puede orientar y vigilar el funcionamiento de la mediación administrativa, la cual es posible cuando se prevé que las Administraciones puedan terminar procedimientos administrativos por acuerdo con los interesados, lo que el Derecho español admite en los artículos 84.1, 86 y 112.2 de la Ley 39/2015, y en el artículo 77 de la Ley de Jurisdicción Contencioso-Administrativa,

---

218 CARMONA y CHOUSSAT, J.F, *El Defensor del Pueblo Europeo,* Ministerio de Administraciones Públicas, Instituto Nacional De Administración Pública, Madrid, 2000, p. 195.

excluida siempre la materia indisponible para las Administraciones públicas, y siempre que lo acordado no fuera contrario al ordenamiento jurídico, ni lesivo del interés público o de terceros. En los casos no prohibidos, la mediación a través del Defensor del Pueblo o incluso, al margen del mismo, puede aproximar la actuación de la Administración a lo que entendemos por buena administración, superando y corrigiendo en vía extrajudicial, los incumplimientos de los parámetros de la buena administración, tanto los normativos, como los que son de elaboración extranormativa. Esto, sin embargo, una de las mayores debilidades del control de la buena administración a través del Defensor del Pueblo radica en que es necesario reforzar la efectividad de su intervención, puesto que, para alcanzar la mediación en estos casos, existe un componente de voluntariedad que todavía debe ser superado. Si se introdujeran en el estatuto jurídico del Defensor del Pueblo mecanismos coercitivos, dotados de *enforcement*, para que pudiera imponer a las Administraciones públicas correcciones para rectificar aquellas actuaciones que separan a la Administración de los parámetros de la buena administración[219], esta vía sería la más eficiente, por su especialidad en la valoración de los casos de mala administración.

Por el momento, le falta efectividad a esta vía, pues las recomendaciones del Defensor del Pueblo, aunque seguidas en un porcentaje considerable por las Administraciones, se acogen por ellas en base a un criterio de buena voluntad, que también podría fundamentarse en la buena fe administrativa. A pesar de todo, la función del Defensor del Pueblo ha sido esencial para perfilar y caracterizar el elenco de derechos incluidos en

---

219 BELANDO GARÍN, B., "La mediación administrativa desde la perspectiva de los letrados", *Anuario de justicia alternativa*, Nº. 13, 2015, p. 175.

el concepto de buena administración, como se ha expuesto anteriormente.

II. EL CONTROL JUDICIAL DE LA BUENA ADMINISTRACIÓN

Las garantías naturales de la buena administración –Defensor del Pueblo y Códigos de buena conducta administrativa-, aunque contribuyen a su efectividad, son débiles por el componente de voluntariedad que incluyen. Esto nos lleva a plantear cómo lograr mayor eficacia normativa para el derecho a la buena administración porque de ello puede resultar una posición del ciudadano más fuerte, incluso para hacer efectivos derechos con menor reconocimiento jurídico, como suele ocurrir con los derechos sociales, que se trasladan a la realidad del ciudadano, mayormente, a través de políticas públicas.

Como se puede apreciar de lo hasta aquí expuesto, la buena administración comporta una serie de derechos con distinto reconocimiento jurídico que, cuando están positivizados se convierten, por sí mismos en derechos subjetivos, logrando así poderse esgrimir ante los juzgados y tribunales a nivel particular, y de forma separada, pues tienen reconocida cierta autonomía, como conceptos jurídicos. En este sentido, se ha señalado que la labor judicial, «al controlar la legalidad de la actuación administrativa, es un instrumento aunque indirecto y limitado, que contribuye a la calidad de la administración»[220]. Frente a ello, en los casos en los que no es así, la dificultad de una mayor contundencia en su defensa jurídica se diluye a pesar de la declaración como derecho fundamental de la buena adminis-

---

220 PONCE SOLE, J., "Procedimiento administrativo, globalización y buena administración", *Derecho administrativo,* suplemento de jurisprudencia, 2008, p. 6.

tración, considerándose en estos casos un principio. Los principios jurídicos son relevantes en el ordenamiento jurídico-administrativo pero, para fundar la tutela en los mismos, debería ser evidente su infracción, lo que repercutiría, necesariamente, en la supuesta infracción de la buena administración, a través de la infracción de los principios previstos en el artículo 3.1 de la Ley 40/2015, que recoge los principios generales que deben regir la actividad administrativa, o los contenidos en otras normas, como principios concretos de carácter especial, entre los que quedarían incluidos, de forma cualificada, los principios regulados en la Constitución española aplicables a las Administraciones públicas.

En relación con ello, resulta relevante la relación existente entre la ética pública y el Estado de Derecho, pues descansando los estándares de buena administración sobre dicha ética pública y estando ésta relacionada con los valores del Estado de Derecho, las políticas públicas, especialmente, las que fomentan los valores de responsabilidad pública que actualmente se están comenzando a contemplar como criterios guía del actuar administrativo, pueden verse favorecidas, si su control judicial se funda también en la infracción de tales principios, cuya conexión con la buena administración es inequívoca. Por ejemplo, se ha destacado que la seguridad jurídica está estrechamente relacionada con el principio de legalidad, como derecho que integra la buena administración, y este principio tiene base constitucional en el artículo 9.3 CE, por lo que las reclamaciones en relación con su infracción están reforzadas cuando se ponen en relación ambos principios. En este sentido, el control judicial de algunos aspectos de la buena administración puede efectuarse de forma autónoma, pero su conexión con los principios constitucionalmente reconocidos, la cualifica, dado que el «Estado de Derecho es una construcción jurídica posible una vez que se consagraron los principios políticos inspiradores de la Revolución Francesa»[221], y que sirven como mecanismo de interdicción de la arbitrariedad del poder público. Precisamente, la Carta Iberoamericana de Derechos y Deberes de los ciudadanos ante la Administración Publica, pone de relieve la necesaria relación del contenido de la buena administración con el concepto de Estado Social y Democrático de Derecho[222], y también lo hace la misma CDFUE en su preámbulo, cuando indica «Consciente de su patrimonio espiritual y moral, la Unión está fundada sobre los valores indivisibles y universales de la dignidad humana, la libertad, la igualdad y la solidaridad, y se basa en los principios de la democracia y del Estado de Derecho». Así pues, es en los principios donde debemos buscar un refuerzo que dotará de mayor efectividad tanto al derecho a la buena administración, como a las políticas sociales a cuya efectividad la misma puede contribuir. No olvidemos que la buena administración y todos los derechos que incluye son, en general, de índole formal o procedimental, por lo que sirven de garantía a otros de naturaleza sustantiva. Así, de forma similar a como García de Enterría[223] consideró que los principios generales del derecho son un medio de control del ejercicio de potestades discrecionales, esos mismos principios pueden servir para verificar si se dan los parámetros de la buena administración en relación con cualquier actuación administrativa, como vía de mejora del procedimiento administrativo en que se sustente, e incluso para el diseño y gestión de las políticas públicas que suelen ser el medio a través del que se hacen efectivos los derecho sociales que integran la responsabilidad social del sector público. Todo ello

---

221 GARRIDO FALLA, F., *Tratado de Derecho Administrativo,* Volumen I, Parte General, 10ª Edición. Madrid, Tecnos, 1987, pp. 70-71.

222 CLAD, *Carta Iberoamericana de Derechos y Deberes de los ciudadanos ante la Administración Pública,* Preámbulo, 2013, p. 3 in fine.

223 GARCÍA DE ENTERRÍA, E., *Democracia, jueces, y control de la Administración,* Ed. Civitas, Madrid, 1996.

porque la buena administración sirve como instrumento para hacer frente a la arbitrariedad de los poderes públicos, cuya interdicción consagra, como principio el artículo 9.3 CE, y su valor como garantía frente a ella ha sido puesta de relieve por la doctrina científica[224], ya que «la arbitrariedad es la ausencia del derecho, la anulación de los derechos ciudadanos en relación con la Administración»[225]. Precisamente, la necesidad de establecer controles al ejercicio de potestades discrecionales, ha sido considerada un «caballo de Troya» en el Estado de Derecho[226], y su relación con el control de la discrecionalidad administrativa ha dado lugar a la aplicación por el TEDH del concepto afín a la buena administración, como es el de buena gobernanza (*good governance*), derivándolo del Convenio Euro-

---

224 PONCE SOLÉ, J., 2016, op. cit., p. 4.

225 RODRIGUEZ-ARANA MUÑOZ, J., "El derecho fundamental de la persona a la buena Administración (principios y derechos integrantes)". *Revista Electrónica de Derecho Administrativo Venezolano* Nº 11/2017, 2017, p. 300.

226 HUBER, H., "Niedergang des Rechts und Krise des Rechtsstaat", en *Festgabe für Z. Giacometti*, Zürich, 1953, p. 66, citado en GARCÍA DE ENTERRÍA, E. y FERNÁNDEZ RODRIGUEZ, T.R., *Curso de Derecho Administrativo I*, Ed. Civitas, Madrid, 2013, p. 480; y también por PONCE SOLÉ, J., "Ciencias sociales, Derecho Administrativo y buena gestión pública. De la lucha contra las inmunidades del poder a la batalla por un buen gobierno y una buena administración mediante un diálogo fructífero", en *Gestión y Análisis de Políticas Públicas, Nueva Época*, nº 11 (enero-junio 2014), Ed. INAP, Madrid, 2014, p. 1. Citado anteriormente por GARCÍA DE ENTERRÍA, E., "La lucha contra las inmunidades del poder en el derecho administrativo (poderes discrecionales, poderes de gobierno, poderes normativos)", *Revista de Administración Pública*, 38, 1962, p. 167, disponible en: http://www.cepc.gob.es/publicaciones/revistas/revista selectronicas?IDR=1&IDN=38&I DA=22227

peo de Derechos Humanos de 1950, aunque no lo mencione expresamente[227].

Así, en diversas sentencias, el Tribunal Europeo de Derechos Humanos concluye que la discrecionalidad administrativa no habilita al poder público para separarse de su deber de actuar conforme al principio de buena gobernanza, que impone una actividad pública que debe reunir, según el TEDH, las características de ser: 1. Ágil y rápida y en su debido momento, desarrollada de una manera apropiada y «sobre todo» consistente, especialmente cuando afecta a «derechos humanos fundamentales, incluyendo el derecho de propiedad»; 2. Llevada a cabo con sumo cuidado, «en particular cuando se trata de materias de vital importancia para los individuos, como beneficios sociales y otros derechos parecidos»; 3. Mediante el desarrollo de procedimientos internos que permitan la transparencia y la claridad de sus operaciones, minimicen el riesgo de errores y promuevan la seguridad jurídica en las transacciones entre particulares afectando intereses relativos a la propiedad; 4. Correctora de errores cometidos, con el pago, en su caso, de una adecuada compensación u otro tipo de reparación apropiada para el ciudadano afectado por los mismos[228].

---

227 PONCE SOLÉ, J., "Los jueces, el derecho a una buena administración y las leyes de transparencia y buen gobierno", Documento presentado en el *VII Congreso Internacional en Gobierno, Administración y Políticas Públicas GIGAPP*, Madrid, España, del 3 al 5 de octubre de 2016. Disponible en https://laadministracionaldia.inap.es/noticia.asp?id=1507021

228 Entre ellas, las siguientes SSTEDH: Vukui⊠ contra Croacia, de 31 de mayo de 2016, Ilinskien⊠ contra Lituania, de 1 de diciembre de 2015, Digryte Klibaviciene contra Lituania, de 2014, Bodgel contra-Lituania, de 2013, Cazja contra Polonia, de 2 de octubre de 2012, Rysovskyy contra Ucrania, de 20de octubre de 2011, Moskal contra Polonia, de 2009, u Öneryildiz contra Turquía, de 30 de noviembre de 2004.

El enraizamiento de la buena administración con las bases mismas del Estado de Derecho, y su conexión con otros derechos reconocidos con el carácter de fundamentales y con los principios básicos y estructurales del derecho administrativo, nos permiten defender los aspectos formales de cualquier situación que enfrente al ciudadano con el poder público, en todo tipo de derechos, cualquiera que sea su condición: fundamentales, subjetivos o incluso sociales. En relación con estos últimos, y aunque su protección no aparece tan reforzada como en el caso de los fundamentales y los subjetivos, que disfrutan de protección directa propia, la misma no es imposible. Si bien es cierto que los derechos sociales, casi siempre se desarrollan mediante planes, programas y otros instrumentos, utilizados como derecho administrativo informal, donde existe mayor margen de discrecionalidad (en su diseño, no en su ejecución), respecto a su protección y efectividad, todas las técnicas de control de la discrecionalidad nos resultan útiles, pero sobre todas ellas, destaca la necesidad de que tales planes, programas, etc. respeten los principios básicos del Derecho administrativo.

En esencia, la explicación de cómo los principios generales del derecho, sirven para preservar la adecuación de los actos administrativos y de otras disposiciones generales al Estado de Derecho en el contexto propio de la ética pública se basa en el origen legal, o incluso constitucional, de muchos de ellos, por lo que son coherentes con la legalidad exigible en un Estado de Derecho. Y ello es porque el principio de legalidad administrativa representa uno de sus elementos fundantes[229], estando conectado con todos los demás de origen legal o constitucio-

---

229 BEZZI, O., "Democracia, corrupción y control", en ESPINOZA MOLLA, M.R. – RIZZI, G. (Coords.) *Ética pública y sistemas de responsabilidad del Estado y del agente público.* Ed. La Plata, Universidad Nacional de La Plata, 2017, p. 45.

nal, incluso de aquellos que, en el marco de la Unión Europea, procedan de la construcción jurisprudencial del TJUE. El principio de legalidad debe ser puesto en relación con el de seguridad jurídica, cuya vinculación con el principio de legalidad es absoluta, no sólo porque confiere seguridad jurídica que la ley configure derechos y situaciones jurídicas de la forma más objetiva, racional y concreta posible, sino porque la misma legalidad exigible en un Estado de Derecho bebe de la seguridad jurídica para robustecerse, siendo totalmente cierto que «lejos de concebirse a los derechos como mero resultado de lo establecido por la ley, se entiende que la validez de cualquier ley estará subordinada a que respete aquellos derechos previos»[230], y esto es también predicable de aquellos derechos que, como los sociales, no se conciben como ni subjetivos, ni fundamentales, apareciendo reconocidos a través de los instrumentos de política pública, como son los planes, programas y elementos similares. Si bien está claro que, jerárquicamente, estos quedan sometidos a la ley, por razón de seguridad jurídica, los derechos de este tipo recogidos en tales planes y programas no deberían poderse ver transgredidos por razón de seguridad jurídica, configurada sobre la base de la ética pública a la que nos venimos refiriendo. Tales principios se apoyan en otros muchos de base constitucional, como el de publicidad de las normas (artículo 9.3 CE), o como el de servicio objetivo a los intereses generales (artículo 103.1 CE), o de base legal (como todos los tratados anteriormente como derechos integrantes de la buena administración: derecho a ser informado, transparencia, motivación, procedimiento sin dilaciones inde-

---

[230] OLLERO TASSARA, A., *Responsabilidades políticas y razón de Estado, Fundación para el análisis y los estudios sociales*, 1996, p. 15. Citado en COVIELLO, P.J.J., "Reflexiones sobre la Ética pública", en ESPINOZA MOLLA, M.R. y RIZZI G. (Coords.) *Ética pública y sistemas de responsabilidad del Estado y del agente público*. Ed. La Plata, Universidad Nacional de La Plata, 2017, p.153.

bidas, derecho a ser oído, derecho a recurrir, etc.), e incluso aquellos que, habiendo sido ya recogidos normativamente por el ordenamiento español, tienen un origen jurisprudencial, en la jurisprudencia del TJUE, como el de confianza legítima, que también se integra en la buena administración, cuando se exige que el poder público, al adoptar decisiones que se aparten de las anteriormente adoptadas en casos similares, las motive suficientemente, precisamente porque ello podría conducir a una situación arbitraria, inadmisible en un Estado de Derecho.

En este sentido, la jurisprudencia española, afirma tal conexión con claridad, por ejemplo, en la STS, Sala de lo penal, de 18 de diciembre de 2008, recurso de casación 13/2008, al declarar que: «El deber de motivación es sustancial en todo Estado de Derecho, y se impone por nuestra legislación administrativa y constitucional, y en el ámbito de la Unión Europea por el art. 41 de la Ley Orgánica 1/2008, de 30 de julio (RCL 2008, 1437), por la que se autoriza la ratificación por España del Tratado de Lisboa, Carta de Derechos, que concede el derecho a todos los ciudadanos a una buena administración, que incluye, entre otros derechos, la obligación que incumbe a la Administración de motivar sus decisiones. Es una constante, constatada con frecuencia desafortunadamente, que las autoridades administrativas en asuntos de elevadas solicitudes utilizan modelos estandarizados, ausentes de cualquier motivación, tanto fáctica como jurídica, al caso sometido a su consideración, resolviendo, pues sin expresar el razonamiento que es debido. Ello puede dar lugar al delito de prevaricación administrativa cuando a la injusticia intrínseca de la resolución, se une la arbitrariedad de la misma, resultante de tan inmotivado proceder».

La falta de observancia de los principios básicos puede permitir la formulación de recursos en vía administrativa, así como el ejercicio de acciones en vía contencioso-administrativa bajo la pretensión, por parte del interesado, de obtener que se decrete la anulabilidad de todo o parte de su contenido en base a una hipotética desviación de poder, como prevé el derecho español, en el artículo 48.1 de la Ley 39/2015, o incluso a que se declare la nulidad en base a la vulneración de derechos fundamentales o libertades públicas si existiera conexión entre el derecho fundamental vulnerado y el principio rector de la actuación administrativa encuadrable en el Estado de Derecho. Esto sin embargo, a pesar de las posibilidades de control tanto en vía administrativa, como en vía judicial, la situación ideal para el ciudadano es que, de entrada, las Administraciones públicas ya integren en su forma de proceder los parámetros de la buena administración, pues lo contrario da lugar a que el interesado tenga que hacer valer sus derechos con la consiguiente incomodidad derivada de la defensa de sus pretensiones acudiendo a la vía judicial, en procesos largos y costosos.

La amplitud de la buena administración, entendida como principio, es inmensa, tanto que se debería entender como un elemento estructural y esencial que se integrase en toda la actividad administrativa. La Carta Iberoamericana, cuya amplitud supera la de otros instrumentos jurídicos y normativos que reconocen este principio, a pesar de su falta de exigibilidad, resulta de utilidad para verificar, hasta qué punto el concepto de "buena administración" permite la mejora de la actividad administrativa en beneficio del ciudadano. Así, en sus artículos 2 a 24 ancla la buena administración en los mismos principios estructurales que encuentran apoyo constitucional en el derecho español, refiriéndose expresamente a los siguientes:

- Principio de servicio al interés general con objetividad, y sometimiento pleno a la ley y al Derecho.
- Principio promocional de los poderes públicos en relación con la libertad y la igualdad de los ciudadanos iberoamericanos y de los grupos en que se integran sean reales y efectivas.
- Principio de racionalidad se extiende a la motivación y argumentación que debe caracterizar todas las actua-

ciones administrativas, especialmente en el marco del ejercicio de las potestades discrecionales.

- Principio de igualdad de trato, todos los ciudadanos serán tratados de manera igual, garantizándose, con expresa motivación en los casos concretos, las razones que puedan aconsejar la diferencia de trato, prohibiéndose expresamente toda forma de discriminación cualquiera que sea su naturaleza.
- Principio de eficacia, para la mayor y mejor satisfacción de las necesidades y legítimas expectativas del ciudadano
- Principio de eficiencia, que obliga a todas las autoridades y funcionarios a optimizar los resultados alcanzados en relación con los recursos disponibles e invertidos.
- Principio de economía, que implica el uso racional de los recursos públicos disponibles.
- Principios de equidad, economía, eficiencia y transparencia en relación con el gasto público.
- Principio de responsabilidad la Administración Pública responderá de las lesiones en los bienes o derechos de los ciudadanos como consecuencia del funcionamiento de los servicios públicos o de interés general, y principio de responsabilidad del personal al servicio de la Administración Pública.
- Principio de evaluación permanente de la Administración Pública.
- Principio de universalidad, asequibilidad y calidad de los servicios públicos y de interés general.
- Principio de ética, que implica actuar con rectitud, lealtad y honestidad, promoviéndose la misión de servicio, la probidad, la honradez, la integridad, la imparciali-

dad, la buena fe, la confianza mutua, la solidaridad, la transparencia, la dedicación al trabajo en el marco de los más altos estándares profesionales, el respeto a los ciudadanos, la diligencia, la austeridad en el manejo de los fondos y recursos públicos, así como la primacía del interés general sobre el particular.

- Principio de participación.
- Principio de publicidad y claridad de las normas, de los procedimientos y del entero quehacer administrativo en el marco del respeto del derecho a la intimidad y de las reservas que, por razones de confidencialidad o interés general, que serán objeto de interpretación restrictiva.
- Principio de seguridad jurídica, de previsibilidad, claridad y certeza normativa, en cuya virtud la Administración Pública se somete al Derecho vigente en cada momento, sin que pueda variar arbitrariamente las normas jurídicas.
- Principio de proporcionalidad las decisiones administrativas deberán ser adecuadas al fin previsto en el ordenamiento jurídico.
- Principio de ejercicio normativo del poder significa que los poderes deberán ejercerse, única y exclusivamente, para la finalidad prevista en las normas de otorgamiento, prohibiéndose el abuso o exceso de poder.
- Principio de objetividad, fundamento de los principios de imparcialidad e independencia.
- Principio de buena fe.
- Principio de facilitación, lo que implica tratar a los ciudadanos con calidez, amabilidad, cordialidad y cortesía para la tramitación y asesoramiento de los asuntos públicos que les afecten.

- Principio de celeridad.
- Principio de transparencia y acceso a la información de interés general.
- Principio de tramitación de oficio de los procedimientos.
- Principio de protección de la intimidad en relación con los datos personales que se gestionen.
- Principio de debido proceso, por el que se deben garantizar los derechos de representación, defensa y contradicción.

De todo ello resulta su extensión, así como la caracterización de sus diversos aspectos, y las posibilidades de hacerla efectiva por su relación con otros principios constitucional o legalmente reconocidos, o que han sido configurados jurisprudencialmente, a partir de una larga tradición jurídica, como el principio de buena fe, cuya implicación ética es evidente.

III. LA RESPONSABILIDAD SOCIAL DE LAS ADMINISTRACIONES PÚBLICAS COMO MANIFESTACIÓN DE LA BUENA ADMINISTRACIÓN: EL FOMENTO DE LA ÉTICA PÚBLICA EN LA ACTIVIDAD ADMINISTRATIVA

La responsabilidad social de las Administraciones públicas es la dimensión más espiritual de la buena administración, siendo su relevancia fundamentalmente finalista. Así, la actividad administrativa socialmente responsable debe ir dirigida a la consecución de fines de carácter social que se conciban de interés general, y ajustarse a la ética pública. La ética pública es el elemento espiritual común en todos los mecanismos que permiten identificar cuando la Administración no actúa correctamente, incluso aun cuando no haya norma jurídica que exija que la Administración actúe ajustada a una determinada forma de proceder. En la más reciente evolución de tal ética pública, se ha adoptado el concepto de responsabilidad social en el ámbito público. Al respecto merece ser destacada la Estrategia Española de Responsabilidad Social de las Empresas 2014-2020 de 24 de octubre de 2014, documento que pretendía establecer un marco común de referencia que permitiese armonizar las actuaciones referidas a la Responsabilidad Social, desarrolladas en el ámbito público y en el privado, incluyendo medidas para fomentar la elaboración de informes anuales que incorporen información sobre los aspectos sociales, ambientales y de buen gobierno[231].

Ello ha dado lugar a una serie de implicaciones para diversas Administraciones públicas, de las que la más relevante es la regulación del fomento de la responsabilidad social pública, que aunque actualmente, se encuentra recogida en una norma de ámbito territorial, como es la Ley 18/2018, de 13 de julio, de la Generalitat Valenciana (España), para el fomento de la responsabilidad social, permite verificar que el ámbito de la responsabilidad social es idéntico al de los derechos sociales tradicionalmente reconocidos y que cuentan una protección formal más débil. Así, la misma ley considera que la responsabilidad social abarca, como mínimo y entre otros aspectos[232]: los derechos humanos, el comercio justo, las prácticas de trabajo y de empleo óptimas (como la formación, la diversidad, la igualdad de género, la salud y el bienestar de los trabajadores y de las trabajadoras), la sostenibilidad ambiental (como la protección de la biodiversidad, la lucha contra el cambio climático, el uso

---

231 CASARES MARCOS, A.B., "Responsabilidad social, transparencia y sostenibilidad del sistema universitario español", *Revista Aragonesa de Administración Pública,* núm. 45-46, Zaragoza, 2015, p. 176.

232 Preámbulo nº II, de la Ley 18/2017, de 13 de julio, de la Generalitat Valenciana, para el fomento de la responsabilidad social.

eficiente de los recursos naturales y la energía, la evaluación del ciclo de vida, la prevención de la contaminación), la transparencia y la lucha contra la corrupción y el soborno. Es ciertamente, un concepto multifacético que integra diversas dimensiones que normativamente gozan de distinta protección jurídica. Además, dicha ley permite definir la responsabilidad social como «un sistema innovador de gestión de las empresas y organizaciones que se orienta a incrementar la competitividad de estas así como el fomento del desarrollo sostenible y la justicia social»[233], y también reconoce que la Unión Europea considera la responsabilidad social como una herramienta para la consecución de los objetivos de la Estrategia 2020 establecidos en la Comisión de 3 de marzo de 2010: un crecimiento inteligente, sostenible e integrador (Bruselas, 3.3.2010, COM [2010] 2020, final). Con todo ello, y haciendo uso de la trasparencia administrativa puesta al servicio de tal responsabilidad social pública, se pretende dar cabida y también divulgación informativa a la acción de los poderes públicos en aquellas cuestiones en las que pueden involucrarse más allá de los requerimientos legales pero que son de interés general por razones económicas, sociales, éticas y legales. Para ello, se utilizan fundamentalmente dos herramientas, como son los planes de responsabilidad social, ejemplo de ellos es el Plan valenciano de la responsabilidad social que se regula en el artículo 17 Ley (GVA) 18/2018, considerado un instrumento de planificación y gestión en coordinación con los planes estatales en la materia, en el que se fijan los objetivos, las medidas, actuaciones y los indicadores a adoptar durante su vigencia, y que se adopta tras un proceso participativo; y las memorias de responsabilidad social, siendo ejemplo de ellas, la Memoria anual de responsabilidad social que se prevé el artículo 18 Ley (GVA) 18/2018, que debe recoger el conjunto de políticas, medidas y

---

233 Preámbulo nº I, de la Ley 18/2017, de 13 de julio, de la Generalitat Valenciana, para el fomento de la responsabilidad social.

acciones llevadas a cabo en materia de responsabilidad social por las Administraciones públicas y las entidades del sector público instrumental. En las memorias de responsabilidad social se debe especificar el grado de ejecución presupuestaria y de objetivos del plan valenciano de responsabilidad social. Estas memorias se deben someter a evaluación (artículo 22 Ley (GVA) 18/2018), y a verificación mediante una auditoría social externa, por una persona física, entidad u organismo independiente especializado en auditorías, certificación o normalización de calidad o responsabilidad social que ostente acreditación oficial en vigor (artículo 23 Ley (GVA) 18/2018). Esta auditoría social externa es una forma de control de la efectividad de la dimensión de la buena administración en relación son la acción pública al servicio de la responsabilidad social, pero, no es el único instrumento de control. Antes hemos mencionado que la transparencia administrativa se menciona en la ley valenciana, en cuanto que se prevé la difusión de las acciones públicas orientadas a la consecución de logros relativos a la responsabilidad social.

Con la aplicación de tales instrumentos de control, la eficacia para la efectividad de los derechos y situaciones referentes a los aspectos de la responsabilidad social se materializa *a posteriori* ya que la responsabilidad social del sector público se configura como un sistema de medición del correcto desempeño en valores sociales por parte de las Administraciones públicas a las que se les aplica el sistema. Una vez evaluado ese impacto de la actividad administrativa en las políticas sociales, si la verificación indicada arroja un resultado positivo, lo que se prevé es un sistema de incentivos, no de sanciones, lo que convierte al contenido de la ley en materia de cumplimiento voluntario, pero ello no debería implicar que se le reste valor por el efecto que puede tener, al fin y al cabo, otorgar un refuerzo positivo a través de la actividad de fomento de las Administraciones públicas, es también efectivo si el resultado lo muestra como tal, y puede que más efectivo que otras vías más compulsorias para alcanzar el mismo objetivo. Así, lo que se prevé en el artículo 26 Ley (GVA) 18/2018, es premiar a las Administraciones públicas que logren tal evaluación positiva, como socialmente responsables, adjudicándoles beneficios en forma de ventaja en materia de contratación pública, por aplicación de un desempate a su favor, mejor valoración en la concesión de ayudas y subvenciones, la exhibición del sello distintivo a modo de reconocimiento público, o ciertos beneficios fiscales –aplicables, por ejemplo, a empresas públicas-. Este sistema se aplica, conforme al artículo 2 de la Ley (GVA) 18/2018 a la propia Administración de la Generalitat Valenciana, a su sector público instrumental, a entidades integrantes de la administración local de la Comunitat Valenciana, esto es a todos los municipios, Diputaciones provinciales, etc., de su territorio, y sus entidades de su sector público vinculadas o dependientes, y también a las universidades públicas valencianas y las entidades de su sector público vinculadas o dependientes, así como a los consorcios constituidos mayoritariamente por Administraciones públicas territoriales.

Es evidente que este sistema pretende incentivar la buena administración, entendida como aquella que, desde un punto de vista finalista, busca el beneficio a la sociedad a través de la actividad pública, sin limitarse al cumplimiento de los objetivos y obligaciones legalmente impuestas, sino trascendiendo lo que deriva de la ley, para otorgar un valor añadido a su forma de actuar administrativa, la mayoría de las veces, a través de acciones que pretenden mejorar una mayor efectividad de los derechos sociales, pues son objeto de tal responsabilidad social, como recogen los artículos 5 a 10 de la Ley (GVA) 18/2018: la educación, la formación, la investigación, la cultura y el deporte, el consumo de productos y servicios socialmente responsables, la inclusión social[234], la calidad en el empleo mediante

---

234 Las Administraciones públicas, en el marco de sus competencias, adoptarán todas aquellas medidas necesarias tendentes a garantizar la inclusión de colectivos vulnerables o en situación o riesgo de ex-

mejoras continuas en las condiciones laborales y retributivas, así como la creación de empleo estable y la reducción de la temporalidad o interinidad, fomentando, la innovación, el emprendimiento y el apoyo al autoempleo, la promoción del trabajo autónomo y la economía social, incentivando la economía local a fin de fomentar el desarrollo económico sostenido, sostenible e inclusivo en el territorio; se deberá también fomentar la contratación de personas con diversidad funcional o con discapacidad en las empresas y entidades privadas y en el ámbito del empleo público; promoverán medidas, acciones y prácticas para minimizar el impacto ambiental de sus decisiones y de su actividad, con el objeto de reducir los efectos del cambio climático y propiciar el respeto a la biodiversidad y la preservación de los ecosistemas, el paisaje y el patrimonio cultural e histórico[235]; finalmente, se incluirán la cooperación al desarrollo en cumplimiento de la Agenda 2030.

La Ley (GVA) 18/2018, precisamente, valora la relación existente entre la consecución de los derechos sociales indicados y las dimensiones de la buena administración, y prevé que la observancia de los principios y derechos que integran esta, debe ser también valorada como contenido propio de tal responsabilidad social, ya que el artículo 15 de la Ley (GVA)

---

clusión social; la igualdad de trato y no-discriminación; la igualdad de oportunidades entre mujeres y hombres; la igualdad retributiva; la conciliación de la vida personal, laboral y familiar; la flexibilidad horaria; la reducción de jornada, así como la plena accesibilidad y el resto de derechos reconocidos en la normativa específica de las personas con diversidad funcional o con discapacidad.

235 En la toma de decisiones, y más allá del cumplimiento de las exigencias legales, adoptarán medidas complementarias que sean respetuosas con el medio ambiente y que fomenten, entre otros, aspectos como el ahorro energético, la disminución de residuos, la reducción de radiaciones, el control de emisiones, las energías renovables, el control.

18/2018 hace referencia expresa a la mejora de la calidad en la prestación de los servicios públicos, respaldando la aplicación de instrumentos de gestión ligados a la utilización de tecnologías de la información y de la comunicación, y fomentando el avance en la reducción o supresión de las cargas administrativas, en la racionalización y simplificación de los procedimientos administrativos, para dotarlos de mayor celeridad, eficacia y eficiencia en su gestión, de acuerdo con los principios de buena administración, y priorizando el uso de nuevas tecnologías de la información, procurando la actualización permanente y garantizando la accesibilidad universal y el diseño inclusivo.

Con todo ello, se puede apreciar que es un mecanismo que, no sólo tiende a la consecución de la buena administración en sus aspectos jurídicos, sino que también, es una vía favorable para alcanzar el buen gobierno. Con esta previsión normativa se cierra el círculo de relaciones entre los derechos sociales, la buena administración en todas sus dimensiones, principios y derechos integrantes, y la responsabilidad social que las Administraciones públicas deberían asumir, para hacer efectivos aquellos a través de la buena administración, que se concibe como el instrumento idóneo para lograrlo, estando a disposición del ciudadano.

IV. CÓDIGOS ÉTICOS: CÓDIGOS DE BUEN GOBIERNO Y CÓDIGOS DE BUENA CONDUCTA ADMINISTRATIVA

A las Administraciones públicas se les exige una forma de proceder basada en el principio de legalidad, siendo la ley la base en la que descansa la gestión de lo público, como referencia objetiva que refleja una idea de justicia en el ámbito de actuación que les es propio. Durante mucho tiempo, se ha considerado suficiente exigir que las Administraciones públicas tengan una forma de proceder ajustada a la legalidad, ya que el concepto de Estado democrático se basa, precisamente, en el imperio de la ley. Si bien esto tiene que seguir siendo así, la realidad muestra que la ley es insuficiente para implantar una forma de proceder en la que el ciudadano sea el eje de la actividad administrativa, y que reúna unos valores, como los de sostenibilidad y de responsabilidad social, que exceden de las posibilidades que la ley ofrece para que la actividad administrativa se adecúe al actual concepto de Estado democrático y social de Derecho, y que también integran la buena administración, entendida como principio jurídico-administrativo.

A la insuficiencia de la ley en este terreno se ha referido una parte de la doctrina, que ha destacado que el «derecho puede imponerse desde fuera, no así la moral»[236], y que el «conjunto de normas y controles no garantizan que el empleado público actúe de forma éticamente correcta. Sólo la fortaleza de las convicciones éticas del empleado puede cubrir el vacío que el contexto produce»[237]. Esta insuficiencia de la ley ha dado lugar a que, en los últimos años, se estén haciendo esfuerzos por reforzar valores como la transparencia, la participación, la integridad y la ética pública. Todos ellos pretenden consolidar una mejor gobernanza, mejores prácticas regulatorias, mejor servicio a los intereses generales y a las demandas sociales. Del mismo modo, a *sensu contrario*, la probidad exigible a la gestión pública que excluya conductas caracterizadas por la corrupción, clientelismo o despilfarro. Tal probidad se identifica con la integridad que, aplicada al ámbito de la gestión pública, requiere de la ética pública como complemento necesario de la ley para alcanzar los valores democráticos que siempre deben ser la brújula de su actuación.

---

[236] CORTINA ORTS, A., *Hasta un pueblo de demonios*. Editorial Taurus, Madrid, 1998, p. 197.

[237] RODRIGUEZ-ARANA MUÑOZ, J., *Principios de ética pública*, Montecorvo, 1993, Madrid.

A pesar de que ha sido en los últimos años cuando se está viendo la necesidad de reforzar los valores de ética pública, este concepto no es totalmente nuevo. De hecho, fue en los años setenta cuando cobró mayor importancia el compromiso con la ética pública a raíz de verificarse, en el escenario internacional, que algunos gobernantes y funcionarios practicaban conductas inmorales o antiéticas[238].

La necesidad de aprobar e implantar códigos éticos se justifica en la insuficiencia de la ley para garantizar en toda su extensión los valores de la ética democrática y del servicio público. Con tales códigos se produce una formalización de los valores aún no integrados en la ley. Así, los códigos éticos se conciben como medios para mejorar la calidad de la actividad administrativa, junto con la transparencia y el acceso a la información, y las garantías del procedimiento administrativo[239]. Por ello, las Administraciones públicas deben fomentar modelos de conducta que integren los valores éticos del servicio público en la actuación profesional y en las relaciones de los empleados públicos con los ciudadanos, contemplando una serie de valores éticos que han de guiar la actuación profesional de los empleados públicos: voluntad de servicio al ciudadano, eficaz utilización de los medios públicos, ejercicio indelegable de la responsabilidad, lealtad a la organización, búsqueda de la

---

238 Así se puso de relieve en Estados Unidos a raíz del escándalo «Watergate» que terminó con la renuncia del presidente Richard Nixon. En este sentido, DIEGO BAUTISTA, O., "Los códigos éticos en el marco de las administraciones públicas contemporáneas. Valores para un buen gobierno", *Revista de las Cortes Generales*, (65), 2005, p. 125.

239 ALLI ARANGUREN, J.C., "El control y la transparencia administrativa, medios contra la corrupción", en ARENILLA SAEZ, M. (Coord.), *La Administración Pública entre dos siglos,* Instituto Nacional de Administración Pública, Madrid, 2010, p. 219.

objetividad e imparcialidad administrativa, perfeccionamiento técnico y profesional, etc.[240].

Generalmente, se diferencian dos clases de códigos éticos con el propósito anteriormente indicado. En primer lugar, los Códigos de Buen Gobierno, que pretenden introducir valores de ética pública en la gestión pública en general, y que encontrarían su fundamento en las previsiones de la Ley 19/2013, de 9 de diciembre, de transparencia, acceso a la información pública y buen gobierno, que regula los principios de buen gobierno y su régimen disciplinario en los artículos 26 y siguientes de esta ley. En segundo lugar, los Códigos de conducta, que pretenden introducir estos valores éticos en el ejercicio de la función pública, con diferente contenido, ya que quedan mayormente focalizados en la actividad funcionarial, y obedecen a otros fundamentos, identificables con los principios éticos y de conducta recogidos en los artículos 52, 53 y 54 del texto refundido de la Ley del Estatuto Básico del Empleado Público, aprobado por Real Decreto Legislativo 5/2015, de 30 de octubre, como marco regulador de este código de conducta del personal empleado público.

4.1. Los Códigos de buen gobierno

Durante el siglo XXI la evolución del Derecho Administrativo ha sido el reflejo de una creciente preocupación por la mejora de la calidad democrática. En este sentido, la regulación del buen gobierno persigue revertir la crisis de legitimidad democrática y dar respuesta a los desafíos y problemas que se plantean en la actualidad en la esfera pública. Así, se ha

---

240 RODRÍGUEZ-ARANA MUÑOZ, J., "Ética pública y buena administración", *XXII Congreso Internacional del CLAD sobre la Reforma del Estado y de la Administración Pública*, Madrid, España, 14 - 17 nov. 2017, 2017, p. 11.

señalado que el buen gobierno es la antítesis, y la prevención y el remedio de la corrupción política y administrativa[241], y se caracteriza como un medio para lograr el fin de la democracia plena, auténtica, de calidad o fortalecida[242].

El Libro Blanco de la Gobernanza Europea, aprobado en 2001, por la Comisión Europea COM (2001) 428 final (2001/C 287/01) propuso la reforma de la gobernanza en la Unión Europea para abrir un proceso de elaboración de las políticas de la Unión Europea con el fin de asociar a un mayor número de personas y organizaciones en su formulación y aplicación, lo que debe traducirse en una mayor transparencia. Con esta finalidad, se determinan cinco principios que constituyen la base de una buena gobernanza y de los cambios propuestos por el Libro Blanco, y que son: apertura, participación, responsabilidad, eficacia y coherencia. Desde la Unión Europea se considera que estos cambios no sólo son la base de la democracia y el Estado de Derecho en los Estados miembros, sino que pueden aplicarse a todos los niveles de gobierno, ya sea mundial, europeo, nacional, regional o local. En realidad, todos ellos tienden a una mayor apertura y participación de los ciudadanos para los que la transparencia es la clave. Por esta última razón no es casualidad que, en España, la regulación del buen gobierno venga aparejada a la transparencia y a la participación, donde todos ellos son instrumentos para un buen gobierno.

---

241 CANALES ALIENDE, J.M., "Algunas reflexiones sobre la Transparencia y el Buen Gobierno. CANALES ALIENDE y MARTINEZ MOSCOSO (Coords.), *El Buen Gobierno desde la perspectiva Iberoamericana. Un especial análisis del caso Ecuatoriano*, Universidad de Castilla-la Mancha, Cuenca, 2014, p. 19.

242 CANALES ALIENDE, J.M., "Algunas reflexiones sobre la Transparencia...", 2014, op. cit., p. 21.

Del mismo modo, también se aprobó el Código Iberoamericano de Buen Gobierno por la VIII Conferencia Iberoamericana de Ministros de Administración Pública y Reforma del Estado Montevideo, Uruguay, 22 y 23 de junio de 2006, que se centraba en las pautas de buen gobierno consideradas desde la perspectiva mayormente unívoca del poder público. Su Preámbulo tiende puentes con la buena administración, al menos en cuanto existe una coincidencia de sus fundamentos, especialmente en lo referente a considerar como base de su propia existencia el principio de la dignidad de la persona humana, y de la pretensión común de promover el respeto a los derechos humanos.

En España, la Ley 19/2013, de 9 de diciembre, de transparencia, acceso a la información pública y buen gobierno implicó un avance para este último ya que se consideró que, con esta ley, se positivizaron una serie de principios que anteriormente eran meramente programáticos y sin fuerza jurídica, para incorporarse a una norma con rango de ley y pasar a informar la interpretación y aplicación de un régimen sancionador al que se encuentran sujetos todos los responsables públicos, entendidos en sentido amplio. Dentro del conjunto de metas de buen gobierno se suelen incluir tanto el ejercicio de potestades públicas desde las premisas de la ética y la moral, el desarrollo de políticas efectivas y positivas en empleo, vivienda, educación y salud, la actuación administrativa con transparencia y rendición de cuentas, como el desarrollo humano, ambiental, social y económico sustentables[243]. De hecho, dado que el buen gobierno implica una serie de características que entrañan las premisas del Estado social y democrático de Derecho, estos Códigos deben incluir las medidas tendentes a preservar tales

---

243 ROMERO PÉREZ, J.E., "Reflexiones sobre el buen gobierno", *Revista de Ciencias Jurídicas*, Nº. 118, 2009, p. 110.

bases, como son[244]: 1. Imponer el efectivo y transparente manejo de los recursos públicos frente a la separación defectuosa y confusa entre lo que es público y privado; 2. La aplicación legítima del Estado de derecho frente a la aplicación arbitraria del Estado de derecho; 3. El razonable uso de regulaciones del mercado frente al exceso de reglas, requisitos y trámites que dificultan el funcionamiento del mercado; 4. La asignación de recursos orientada al desarrollo frente a conceder prioridades inconsistentes con el desarrollo, resultado de una inadecuada asignación de recursos; y 5. La exigencia de que las decisiones deban ser transparentes frente a decisiones no transparentes.

La aplicación de los principios de buen gobierno se prescribe a quienes ostenten la condición de alto cargo, para cuya determinación el artículo 25.1 de la Ley 19/2013 lo vincula a quienes tengan tal consideración en aplicación de la normativa en materia de conflictos de intereses, ya sean miembros del Gobierno, Secretarios de Estado y otros altos cargos de la Administración General del Estado y de las entidades del sector público estatal, de Derecho público o privado, vinculadas o dependientes de aquella, y a quienes tengan tal consideración en la normativa autonómica o local, incluidos los miembros de las Juntas de Gobierno de las Entidades Locales. La vinculación de tales sujetos a los requerimientos del Código de Buen Gobierno delimita, además, el ámbito objetivo de aplicación, por correlación a sus funciones, lo que se completa con los principios de buen gobierno, que recoge el artículo 26 de la Ley 19/2013, y que incluyen un régimen sancionador en el artículo 27 de la misma ley.

La observancia de tal código por las autoridades, en el ejercicio de sus funciones, queda vinculado a lo dispuesto en la Constitución española y en el resto del ordenamiento jurídico

---

244 ROMERO PÉREZ, J.E., "Reflexiones sobre el buen gobierno"..., 2009, op. cit., p. 115.

y a la promoción del respeto a los derechos fundamentales y a las libertades públicas y, desde esa perspectiva, pueden ser objeto de control judicial y amparo constitucional por aplicación de los artículos 9.3, 53, 103, y 106 de la Constitución española en relación con la Ley 29/1998, de 13 de julio, reguladora de la Jurisdicción Contencioso-administrativa. Más allá de lo previsto en tales preceptos constitucionales, son principios generales de Buen Gobierno que las Administraciones públicas deben observar, según el Código Iberoamericano de Buen Gobierno, los siguientes:

> 1.º Actuarán con transparencia en la gestión de los asuntos públicos, conforme a los principios de eficacia, economía, eficiencia y con el objetivo de satisfacer el interés general.
>
> 2.º Ejercerán sus funciones con dedicación al servicio público, absteniéndose de cualquier conducta que sea contraria a estos principios.
>
> 3.º Respetarán el principio de imparcialidad, de modo que mantengan un criterio independiente y ajeno a todo interés particular.
>
> 4.º Asegurarán un trato igual y sin discriminaciones de ningún tipo en el ejercicio de sus funciones.
>
> 5.º Actuarán con la diligencia debida en el cumplimiento de sus obligaciones y fomentarán la calidad en la prestación de servicios públicos.
>
> 6.º Mantendrán una conducta digna y tratarán a los ciudadanos con esmerada corrección.
>
> 7.º Asumirán la responsabilidad de las decisiones y actuaciones propias y de los organismos que dirigen, sin perjuicio de otras que fueran exigibles legalmente.

También se recogen en el Código Iberoamericano de Buen Gobierno, como principios de actuación de las autoridades y responsables públicos, los siguientes:

1.º Desempeñarán su actividad con plena dedicación y con pleno respeto a la normativa reguladora de las incompatibilidades y los conflictos de intereses.

2.º Guardarán la debida reserva respecto a los hechos o informaciones conocidos con motivo u ocasión del ejercicio de sus competencias.

3.º Pondrán en conocimiento de los órganos competentes cualquier actuación irregular de la cual tengan conocimiento.

4.º Ejercerán los poderes que les atribuye la normativa vigente con la finalidad exclusiva para la que fueron otorgados y evitarán toda acción que pueda poner en riesgo el interés público o el patrimonio de las Administraciones.

5.º No se implicarán en situaciones, actividades o intereses incompatibles con sus funciones y se abstendrán de intervenir en los asuntos en que concurra alguna causa que pueda afectar a su objetividad.

6.º No aceptarán para sí regalos que superen los usos habituales, sociales o de cortesía, ni favores o servicios en condiciones ventajosas que puedan condicionar el desarrollo de sus funciones. En el caso de obsequios de una mayor relevancia institucional se procederá a su incorporación al patrimonio de la Administración Pública correspondiente.

7.º Desempeñarán sus funciones con transparencia.

8.º Gestionarán, protegerán y conservarán adecuadamente los recursos públicos, que no podrán ser utilizados para actividades que no sean las permitidas por la normativa que sea de aplicación.

9.º No se valdrán de su posición en la Administración para obtener ventajas personales o materiales.

A la vista de todos los principios anteriores se puede apreciar que la eficacia jurídica de los mismos no emana del propio Código de Buen Gobierno, ni de su regulación en la Ley 19/2013, y normas concordantes sino de otras normas donde se recogen la mayoría de ellos con una fórmula más jurídica, o menos programática, y donde se desarrollan, con la consecuencia de que se prevén respuestas jurídicas a su inobservancia, lo que les dota de mayor valor jurídico. Así, por ejemplo, de los principios anteriores la obligación de no implicarse en situaciones, actividades o intereses incompatibles con sus funciones y abstenerse de intervenir en los asuntos en que concurra alguna causa que pueda afectar a su objetividad, tiene una regulación con trascendencia jurídica en los artículos 23 y 24 de la Ley 40/2015, de 1 de octubre, de Régimen Jurídico del Sector Público, cuando se regula la abstención y recusación. En estas figuras el ciudadano sí ostenta un derecho subjetivo, integrado en el concepto de buena administración, para evitar con plena eficacia jurídica que en procedimientos en los que sea interesado intervenga un funcionario o autoridad que no sea objetivo, al permitir el artículo 24.1 de la Ley 40/2015 que «podrá promoverse recusación por los interesados en cualquier momento de la tramitación del procedimiento». Igualmente, la obligación de desempeñar la actividad pública con plena dedicación y con pleno respeto a la normativa reguladora de las incompatibilidades y los conflictos de intereses, adquiere su relevancia y fuerza jurídica, no a través de los Códigos de Buen Gobierno, sino a través de las consecuencias legales reguladas en la Ley 53/1984, de 26 de diciembre, de Incompatibilidades del personal al servicio de las Administraciones públicas en relación con el artículo 95.2.n) del Real Decreto Legislativo 5/2015, de 30 de octubre, por el que se aprueba el texto refundido de la Ley del Estatuto Básico del Empleado Público que tipifica el incumplimiento del régimen de incompatibilidades como falta disciplinaria grave. Estos son tan solo dos ejemplos de cómo se logra la eficacia de estas obligaciones de buen gobierno, lo que ocurre igualmente, en los demás casos, de forma similar.

4.2. Los Códigos de buena conducta administrativa

Con el objetivo de coadyuvar e incentivar el buen desempeño administrativo, los Códigos de conducta o Códigos de buen comportamiento administrativo, contribuyen a lograr la buena administración desde la perspectiva de lo que es exigible al funcionario o agente de la Administración en su actividad profesional. Aunque pueden ser útiles a esta finalidad, en parte, se basan en la voluntariedad generalmente, habiendo sido considerados en su mayoría normas de *soft law*[245]. Así, precisamente por este carácter no obligatorio, los «Códigos de buen comportamiento administrativo» van de la mano con el carácter programático de algunos principios o derechos sociales, como aquellos que resultan favorecidos por la responsabilidad social de las Administraciones públicas que pretendemos proteger al aplicar la buena administración. Sirven, por ello, a la finalidad de ser una herramienta de garantía e incluso de control ciudadano al diseño de las políticas sociales y a su ejecución, de una forma coherente con los derechos sociales sobre los que descansan. Tales «Códigos de buen comportamiento administrativo» surgen a partir de estándares de buena administración, muchas veces, extranormativos, y que son especialmente relevantes en todos los ordenamientos jurídicos dónde se ha asistido a un proceso de desregulación en ciertos aspectos[246], dando lugar a la necesidad de establecer pautas aplicables a las agencias reguladoras[247].

---

245 TOMÁS MALLÉN, B., 2004, op. cit., p. 275.

246 BALLBÉ, M., "El futuro del derecho administrativo en la globalización: entre la americanización y la europeización", *Revista de Administración Pública*, núm. 174, Madrid, septiembre-diciembre, 2007, p. 244.

247 PONCE SOLÉ, J., "Good administration and administrative procedures". *Ind. J. Global Legal Stud.*, núm. 12, 2005.

Esto, sin embargo, existen sectores doctrinales que acentúan el valor jurídico de algunos códigos de conducta, no de todos, diferenciando dos categorías: aquellos códigos de conducta con finalidad orientadora, frente a los que ostentan finalidad normativa[248]. Entre ellos media un elemento diferencial que sería el estar dotados o no de capacidad de *enforcement*, al verse apoyados o no, respectivamente, por mecanismos que permiten exigir su cumplimiento o, al menos, exigir ciertas consecuencias jurídicas, como puede ser la asunción de responsabilidad por el incumplimiento de los estándares de buena administración. En este ámbito, se ha destacado que en algunos países como en Reino Unido e Italia, para evitar que los códigos de conducta sean absolutamente ineficaces[249], el efecto jurídico que les dota de cierto *enforcement* se ha alcanzado por la vía contractual entre la propia Administración pública y el funcionario sujeto al acuerdo de que se trate[250], para así que su actuación acoja ciertos principios éticos que exceden de los deberes legales que el mismo asume estatutariamente frente a la misma Administración, pero también frente al ciudadano.

En relación con ellos, fue un hito en el Derecho de la Unión Europea, la Resolución del Parlamento Europeo, de 6 de septiembre de 2001, mediante la que se aprobó el Código Europeo de Buena Conducta Administrativa posteriormente revisado en 2015[251]. Precisamente, en relación con su valor

---

248 GARCÍA MEXÍA, P., "La ética pública. Perspectivas actuales". *Revista de Estudios Políticos,* núm. 114, octubre-diciembre, 2001, pp. 153 y ss.

249 IRURZUN MONTORO, F., "Ética y responsabilidad en la administración pública". *DA. Revista Documentación Administrativa* nº 286-287, enero-agosto, 2010, p. 100.

250 BLASCO DÍAZ, J.L., "El código de comportamiento de los empleados públicos italianos de 28 de noviembre de 2000". *Revista de Administración Pública,* Nº 158, Mayo-Agosto, 2002, pp. 431-448.

251 DEFENSOR DEL PUEBLO EUROPEO, *El Código Europeo de Buena Conducta Administrativa,* –versión actualizada de 2015-, Unión Euro-

normativo se ha señalado que los «Códigos de buena conducta administrativa» aprobados en el ámbito de la Unión Europea han sido considerados algo más que *soft-law* por la jurisprudencia del TJUE, reconociéndoles fuerza jurídica de entidad suficiente para completar el ámbito de la buena administración en aquellos aspectos no determinados por el Derecho de la Unión Europea[252], considerado *stricto sensu.*

En España, los Códigos de conducta encuentran su fundamento normativo en las previsiones de los artículos 52, 53 y 54 del texto refundido de la Ley del Estatuto Básico del Empleado Público (en adelante, EBEP), aprobado por Real Decreto Legislativo 5/2015, de 30 de octubre que, no sólo sujetan la actuación profesional de los funcionarios y demás empleados públicos[253] a la Constitución y al resto del ordenamiento jurídico, sino a una serie de principios éticos que los mismos contienen. Entre estos principios, algunos tienen un desarrollo normativo que permite imponer su cumplimiento y ser objeto de control judicial, al considerarse auténticos derechos del administrado o del interesado, según su posición frente a la Administración, y que tienen su reflejo en los artículos 13 y 53 de la Ley 39/2015, o su incumplimiento da lugar a la comisión de una infracción tipificada como tal. Ello implica reconocerles pleno valor jurídico, pero este es tomado de algunos derechos que integran la buena administración, y que en el ámbito de la Unión Europea pueden alcanzar relevancia constitucional a través del artículo 41 de la Carta de Derechos Fundamentales

---

pea, 2015, Estrasburgo.

252 TOMÁS MALLÉN, B., 2004, op. cit., p. 319.

253 En relación con la aplicabilidad de los Códigos de conducta y su eficacia en el Derecho italiano, BLASCO DÍAZ, J.L., "El Código de comportamiento de los empleados públicos italianos de 28 de noviembre de 2000", *Revista de Administración Pública,* Núm. 158. Mayo-agosto 2002, 2002, pp. 431-447.

de la Unión Europea[254]. Frente a ellos, otros principios, que no cuentan con tal desarrollo, no pueden ser objeto de control judicial, siendo su eficacia reducida a ser únicamente una declaración programática, que depende de la voluntariedad, dadas las dificultades de su control.

Dentro del grupo que las reglas de conducta que sí tienen trascendencia jurídica, se incluye la previsión normativa de que se actúe con objetividad, imparcialidad y en defensa del interés común, al margen de cualquier otro factor que exprese posiciones personales, familiares, corporativas, clientelares o cualesquiera otras que puedan colisionar con este principio. También tiene trascendencia jurídica la obligación de respetar los derechos fundamentales y libertades públicas, evitando toda actuación que pueda producir discriminación siendo contrario al principio de igualdad. Igualmente, incluye las exigencias de actuar con responsabilidad, imparcialidad, diligencia debida, transparencia, dedicación al servicio público, y actuación en defensa de los intereses generales de los ciudadanos. Ello no sólo porque tales reglas de conducta encuentran su reflejo en normas concretas de la Ley 39/2015, de la Ley 40/2015, o de la Ley 19/2013 (u otras normas reguladoras de la transparencia en las comunidades autónomas), con la previsión incluida en ellas de consecuencias jurídicas en caso de incumplimiento, lo que les dota de pleno valor jurídico, sino porque su incumplimiento se configura como infracción muy grave en el artículo 95.2 del EBEP. Del mismo modo, la obligación de guardar confidencialidad y secreto, puede entenderse

---

254 ADDINK, G.H., "Three legal dimensions of good governance. Some recent developments", *Buen gobierno y derechos humanos,* Instituto de Democracia y Derechos Humanos de la Pontificia Universidad Católica del Perú, Lima, 2014, p. 35. Sobre los aspectos del derecho a la buena administración como Derecho Fundamental, TOMÁS MALLÉN B., *El derecho fundamental a una buena administración,* Instituto Nacional de Administración Pública (INAP), Madrid, 2004, 343 pp.

igualmente una obligación que va a desplegar plenos efectos jurídicos en cuanto que su incumplimiento puede subsumirse en la infracción del artículo 95.2.e) del EBEP.

Frente a todo ello, el artículo 52 del EBEP recoge una serie de deberes de conducta cuya obligatoriedad va a quedar diluida tanto por la falta de concreción objetiva de su interpretación, como por la dificultad en la aplicación de algún mecanismo de control, ya sea a través del control judicial de su cumplimiento, o bien a través de la imposición de sanciones en caso de incumplimiento. Así ocurre en relación con los siguientes criterios que deben regir la conducta de los empleados públicos: integridad, neutralidad, ejercicio sus atribuciones según el principio de dedicación al servicio público, ejemplaridad, austeridad, accesibilidad, eficacia, honradez, promoción del entorno cultural y medioambiental, lealtad y buena fe.

Finalmente, existen otros casos en los que el deber de conducta encuentra su fuerza jurídica en su aplicación práctica, en instrumentos de ejecución normativa, planes o programas, y en normas dispersas muy específicas. Así ocurre en relación con el respeto a la igualdad entre mujeres y hombres que, de entrada, se encuentra en los códigos de conducta sin que se atribuya ningún especial mecanismo de exigibilidad, si bien, su aplicación concreta en muchos ámbitos da lugar a un particular requerimiento de paridad en órganos administrativos, por ejemplo, que sí manifiesta el cumplimiento de este deber en ese caso concreto.

Por su parte, la promoción de la sostenibilidad como manifestación del deber de promocionar el entorno medioambiental, y como manifestación de la responsabilidad social a la que aludíamos inicialmente como concepto afín a la ética pública, aún no encuentra un completo refrendo normativo cargado de *enforcement*, pero hay vías incipientes hacia ello. Así, por ejemplo, el artículo 3 de la Ley 2/2011, de 4 de marzo, de Economía Sostenible recoge los principios que deben regir la actividad administrativa tendente a lograr una economía sostenible, afín con la responsabilidad social, compartida por todo tipo de agentes económicos y sociales, públicos y privados[255]. Los principios que incluye el fomento de la economía sostenible en esta ley se pueden identificar con la responsabilidad social en el marco público. Con ello, se incluyen como efectos prácticos, en primer lugar, el impulso de la competitividad de las empresas, mediante marcos regulatorios que favorezcan la competencia y la eficiencia en los mercados de bienes y servicios que faciliten la asignación de los recursos productivos y la mejora de la productividad, en particular, a través de la formación, la investigación, la innovación y el uso de nuevas tecnologías, que incrementen la capacidad para competir en los mercados internacionales. En segundo lugar, la economía sostenible debe dar lugar también en el ámbito más estrictamente público, a la necesidad de dotar de estabilidad a las finanzas públicas, de modo que las Administraciones públicas deben garantizar la estabilidad de sus finanzas para contribuir al mejor desenvolvimiento de la actividad económica y al adecuado funcionamiento del Estado. El tercer aspecto que recibe influencia de esa dimensión de la economía sostenible es la racionalización de las Administraciones públicas, lo que implica que las mismas deben adoptar medidas de simplificación y sostenibilidad de la estructura administrativa y de acceso directo de los ciudadanos a los servicios y prestaciones públicas garantizando una actuación ética, eficaz, eficiente y transparente, lo que resulta fundamental. En cuarto lugar, otro principio de la acción pública para la economía sostenible es el fomento de la capacidad innovadora de las empresas, mediante el apoyo a la investigación y a la innovación que favorezca tanto a las empresas e industrias innovadoras, como la renovación de los

---

255 CUETO CEDILLO, C. y DE LA CUESTA GONZÁLEZ, M. (2019), *La Administración Pública de la responsabilidad social corporativa*, Editorial Área de Innovación y Desarrollo, S.L., Alcoy, p. 13.

sectores tradicionales, con el fin de aumentar su competitividad. En quinto lugar, es también un principio el de ahorro y eficiencia energética, que debe conllevar la reducción de costes, atenuando la dependencia energética y preservando los recursos naturales. En sexto lugar, es un principio de la actuación pública en el ámbito de la economía sostenible, la promoción de las energías limpias, reducción de emisiones y eficaz tratamiento de residuos, mediante la adopción de políticas energéticas y ambientales que compatibilicen el desarrollo económico con la minimización del coste social de las emisiones y de los residuos producidos y sus tratamientos. En séptimo lugar, otro principio es la racionalización de la construcción residencial mediante la adopción de políticas que favorezcan la racionalización de la construcción residencial para conciliar la atención a las necesidades de la población, la rehabilitación de las viviendas y de los núcleos urbanos, la protección al medio ambiente y el uso racional de los recursos económicos. En octavo lugar, es un principio de la actuación pública tendente hacia la sostenibilidad económica, la extensión y mejora de la calidad de la educación y el impulso de la formación continua, lo que supone que las Administraciones públicas deban favorecer la extensión y mejora de la educación y de la formación continua, como instrumentos para la mejora de la cohesión social y el desarrollo personal de los ciudadanos. Finalmente, el último principio administrativo de economía sostenible, es el de fortalecimiento y garantía del Estado social, a través de la acción de las Administraciones públicas, en aras de la cohesión social, para conciliar el avance paralelo y armonizado del progreso económico con la mejora de las prestaciones sociales y la sostenibilidad de su financiación.

Sin embargo, estos principios que integran la ética pública en su relación con la economía sostenible, no se reflejan generalmente en los códigos éticos, a pesar de su estrecha relación con la dimensión ética que tienen en el sector público, y quedan caracterizados como principios de actuación administrativa de índole programática, y que requieren de otros mecanismos para garantizar su cumplimiento. Desde el punto de vista de las posibilidades de *enforcement* de estos aspectos, el ámbito de la racionalidad del gasto público sí encuentra mayor regulación y posibilidades de exigencia, pero derivándolo del artículo 28 de la Ley 19/2013, de 9 de diciembre, de transparencia, acceso a la información pública y buen gobierno, ya que este configura una serie de infracciones en materia de gestión económico-presupuestaria, que dan cobertura legal y mayor valor jurídico a esta esfera, sin embargo, debe tenerse en cuenta que en esta ley quedan relacionados con el contenido de los Códigos de buen gobierno, y no tanto con los Códigos de Buena Conducta que son, en realidad, a los que hacen referencia los artículos 52, 53 y 54 del EBEP, por lo que, en realidad, las posibilidades de *enforcement* se vinculan a la dimensión ética del buen gobierno y no a la conducta exigible a los funcionarios y empleados públicos, no pudiendo exigirse a estos últimos del mismo modo, dado que, respecto de ellos, no está tipificado un especial régimen sancionador con tanta extensión.

V. LA PROTECCIÓN DE LA BUENA ADMINISTRACIÓN A TRAVÉS DE LA DEFENSA DE ALGUNOS DERECHOS HUMANOS

La amplitud de la buena administración da lugar a que una parte de su contenido, la que aparece conectada con algunos derechos humanos ya reconocidos frente al poder público, pueda ser objeto de control de forma indirecta cuando se defienden tales derechos de transgresiones realizadas por el sector público. En este sentido, a través de tales garantías y derechos se puede controlar que las mismas Administraciones respeten los Derechos Humanos declarados, siendo un instrumento jurídico de estos, y ello al margen de su configuración en el Derecho de la Unión Europea como derecho fundamental, pudiendo acceder incluso, al Tribunal Europeo de Derechos Humanos, en base al Convenio Europeo de Derechos Humanos de 1950. Ello es consecuencia de que algunos de estos derechos y garantías, integrados en la buena administración, pueden ser identificados con algunos derechos que sí están expresamente incluidos en la Declaración de Derechos Humanos, de modo que la vulneración de aquellos, como parte del derecho a la buena administración, implica la vulneración de estos. Concretamente, podemos incluir en esta categoría los derechos de igualdad, libertad y seguridad que reconoce la Declaración Universal de Derechos Humanos en los artículos 1, 2, 3, y 7 que se ven garantizados a través de los principios de imparcialidad, equidad, audiencia, derecho de acceso, motivación y derecho a utilizar la lengua propia.

Respecto al derecho que contiene el artículo 6 de la Declaración Universal de Derechos Humanos, esto es, el derecho de todo ser humano al reconocimiento de su personalidad jurídica, en el ámbito administrativo el derecho se reconoce de conformidad con las normas civiles, y tiene su repercusión al reconocer capacidad de obrar para poder actuar ante las Administraciones en defensa de derechos e intereses propios. En este sentido, en el derecho español, la previsión del artículo 3.a) y b) de la Ley 39/2015, reconoce capacidad de obrar ante las Administraciones Públicas a las personas físicas o jurídicas que ostenten capacidad de obrar con arreglo a las normas civiles, y también los menores de edad para el ejercicio y defensa de aquellos de sus derechos e intereses cuya actuación esté permitida por el ordenamiento jurídico sin la asistencia de la persona que ejerza la patria potestad, tutela o curatela, por lo que es, incluso, más amplia que la que se reconoce en otros ámbitos del Derecho.

En relación con el derecho a acceder a recursos conforme al artículo 8 de la Declaración Universal de Derechos Humanos, ante los tribunales nacionales competentes, que ampare al ciudadano contra actos que violen sus derechos fundamentales reconocidos por la constitución o por la ley, dejando al margen los recursos ante el Tribunal Constitucional que son generales en todos los ámbitos del Derecho, en el derecho español, cuando se trata del acceso a la revisión judicial de los actos de la Administración que puedan comprobar si en un caso concreto se han violado derechos fundamentales, las normas de procedimiento administrativo abren esta vía a través del recurso contencioso-administrativo regulado en la Ley 29/1998, de 13 de julio, reguladora de la Jurisdicción Contencioso-administrativa, al que se puede acceder una vez agotada la vía administrativa, solicitando la nulidad del acto administrativo que vulnera dicho derecho fundamental, en aplicación del artículo 47.1.a) de la Ley 39/2015 que lo considera nulo de pleno derecho, y más específicamente, puede ejercitarse su defensa accionando el procedimiento especial para la protección de los derechos fundamentales de la persona regulado en los artículos 114 y ss. de la Ley 29/1998, cuya tramitación es preferente.

Precisamente, en relación con el acceso a la justicia administrativa se planteó ante el TEDH la falta de motivación de los tribunales para admitir o inadmitir a trámite los recursos planteados en el caso Arribas Antón vs. España de 20 de enero de 2015[256]. Esta cuestión se ha tratado por la doctrina cientí-

---

[256] En este caso, el demandante fundó su recurso ante el TEDH de la inadmisión de su recurso de amparo alegando que se había vulnerado su derecho de acceso a un tribunal (art. 6.1 CEDH) y argumentando que el motivo de inadmisión aducido por el TC fue en exceso formal [art. 49.1 y 50.1.b) LOTC] y que la interpretación del criterio de admisibilidad realizada por el TC fue contraria al CEDH, invocando los arts. 6.1 CEDH y 13 CEDH. HERNÁNDEZ RAMOS, M., "Incumplimiento de la buena administración de justicia del tribunal constitucional en la admisión del recurso de amparo. El caso arribas Antón vs. España del TEDH", *Revista Española de Derecho Constitucional,* 108, 2016, p. 312. doi: http://dx.doi.org/10.18042/cepc/redc.108.10.

fica como posible caso que afecta a la buena administración de justicia[257], que está sujeto a la buena administración como consecuencia de la aplicación extensiva del Derecho administrativo a otros poderes públicos. Como consecuencia de la STEDH dictada en este caso, se ha mejorado la motivación de las resoluciones del mismo sobre admisión o inadmisión, y la misma STC 9/2015, de 2 de febrero dictada en el caso Arribas Antón, recoge la advertencia del TEDH argumentando que «constituye una exigencia de certeza que este Tribunal explicite el cumplimiento de este requisito (la especial trascendencia constitucional), haciendo así reconocibles los criterios de aplicación empleados al respecto por el TC» (FJ 3). Esta resolución influyó posteriormente en una mejora en la motivación de tales resoluciones.

El derecho a no verse afectado en su intimidad personal o familiar por decisiones arbitrarias al que se refiere el artículo 12 de la Declaración Universal de Derechos Humanos, se protege con los límites al derecho de acceso, antes expuestos, y con la obligación de motivar las resoluciones y actos administrativos.

---

257 HERNÁNDEZ RAMOS, M., "Incumplimiento de la buena administración de justicia del tribunal constitucional en la admisión del recurso de amparo. El caso arribas Antón vs. España del TEDH", ob. cit., p. 331. En el Asunto Arribas Antón vs. España, el Tribunal Europeo de Derechos Humanos no encontró violación del art. 6.1. Convenio Europeo de Derechos Humanos ni del art. 13 Convenio Europeo de Derechos Humanos por parte de la Ley Orgánica 6/2007, de 24 de mayo que introdujo el nuevo trámite de admisión del recurso de amparo, ni de la interpretación y aplicación llevada a cabo por el Tribunal Constitucional del requisito esencial de este nuevo trámite de admisión, la especial trascendencia constitucional. Sin embargo, sí realizó un apercibimiento velado al Tribunal Constitucional por no estar satisfaciendo el principio de buena administración de justicia en la aplicación de su propia doctrina constitucional.

El artículo 14 de la Declaración Universal de Derechos Humanos recoge el derecho de asilo en caso de persecución, y todos los derechos y garantías que integran el derecho a la buena administración sirven para asegurar los parámetros de esta en los procedimientos administrativos especiales, que se regulan el la Ley 12/2009, de 30 de octubre, reguladora del derecho de asilo y de la protección subsidiaria. Estos procedimientos tienen carácter administrativo, y se tramitan ante el Ministerio de Interior, por lo que en ellos la observancia de la buena administración garantiza la efectividad de este derecho de asilo que reconoce la Declaración Universal de Derechos Humanos.

Igualmente, el derecho que se reconoce a toda persona para que se respete su propiedad, individual y colectivamente, y a no ser privado arbitrariamente de la misma, que recoge el artículo 17 de la Declaración Universal de Derechos Humanos, también recogido en el artículo 33 de la Constitución española, se garantiza si los procedimientos de expropiación, que también son procedimientos administrativos, se ajustan a las garantías y derechos que se prevén como elementos de buena administración.

El artículo 21 de la Declaración Universal de Derechos Humanos se refiere al derecho a participar en el gobierno de su país, directamente o por medio de representantes libremente escogidos, haciendo una clara referencia al ejercicio de las vías democráticas que deben poder ser accesibles para todos los ciudadanos. En el derecho moderno, se ha fortalecido y aún puede ser mejorada esta participación democrática del ciudadano a través de la transparencia administrativa. Aunque nos hemos referido anteriormente al derecho de acceso en relación con la tramitación del procedimiento administrativo, se regula también otra manifestación de tal transparencia más conectada con el derecho del artículo 21 de la Declaración Universal de Derechos Humanos, y que aparece referida en el artículo 133 de la Ley 39/2015 que se refiere a la participación de los ciudadanos en el procedimiento de elaboración de normas con rango de Ley y reglamentos, y cuya observancia y facilitación es también una muestra de buena administración.

Los demás derechos contenidos en la Declaración Universal de Derechos Humanos, aunque no están conectados directamente con el derecho a la buena administración, también pueden verse beneficiados, de forma indirecta, cuando este derecho se vea fortalecido en todas las manifestaciones que puede contener el ordenamiento jurídico, motivo por el que toda mejora en el marco legal de la buena administración favorece el respeto de los Derechos Humanos declarados y admitidos internacionalmente.

Capítulo VI.

Ideas conclusivas

La buena administración permite considerar al ciudadano como eje central de la actividad administrativa, reforzando su esfera jurídica y otorgándole mecanismos de control respecto del ejercicio del poder público. La transparencia administrativa es uno de estos mecanismos de control, ya que su observancia forma parte de la buena administración y permite garantizarla. Al mismo tiempo, dado que el procedimiento de acceso a la información pública es un procedimiento administrativo especial, como tal debe ser tramitado y resuelto respetando los estándares de la buena administración, que se han analizado en la presente obra. Con ello, se puede considerar que ambos conceptos se relacionan continuamente, y se coadyuvan mutuamente, creándose entre ellos unas relaciones sinérgicas que los convierten en un binomio inseparable.

La naturaleza jurídica y extensión de la buena administración no puede ser considerada como algo unívoco, y por ello, debe ser analizada diferenciando qué es y qué derechos incluye cuando se trata de un derecho fundamental, de un conjunto de derechos subjetivos, o de un principio general del Derecho administrativo. Así, el derecho a la buena administración es un derecho fundamental de la ciudadanía en el Derecho de la Unión Europea desde la entrada en vigor del Tratado de Lisboa en 2009, y, por ende, se ha incorporado al derecho interno de todos los Estados miembros con este carácter cuando se esté aplicando Derecho de la Unión Europea. Este derecho incluye una serie de derechos o garantías del ciudadano en sus relaciones frente a la Administración que tienden al control de la legalidad, de la objetividad y de la equidad, permiten el acceso a la información pública y sirven para evitar la transgresión de derechos del ciudadano como consecuencia de la actividad de las Administraciones públicas. Cuando no se esté aplicando el Derecho de la Unión Europea, su valor es diferente, ya que puede ser, en alguno de sus aspectos, o un derecho subjetivo o un principio de actuación administrativa. La relevancia del valor jurídico de la buena administración en cada uno de estos casos justifica el interés de la presente investigación, al igual que las posibilidades de lograr su efectividad, pues ello conecta las particularidades teóricas del derecho a la buena administración, con su aplicabilidad efectiva. En la medida en que tales derechos están incluidos en el artículo 41 de la CDFUE, o en la medida en que se incluyen como derechos subjetivos en la legislación ordinaria nacional de los Estados miembros, las dimensiones de la buena administración pueden ser objeto de tutela judicial efectiva ante la jurisdicción contencioso-administrativa, habiendo sido numerosas las ocasiones en que se ha obtenido tal tutela por esta vía. De este modo, la buena administración, a través de la protección jurídica de los aspectos formales o procedimentales que se integran en su concepto, permite extender las garantías de la buena administración a la tramitación de procedimientos en los que se están tratando de hacer valer situaciones basadas en la responsabilidad social de las Administraciones públicas, al igual que se aplica a otras situaciones jurídicas caracterizadas por tener pleno *enforcement* por ser considerados ya un derecho subjetivo o un derecho fundamental.

La utilidad de revisar las situaciones jurídico-administrativas desde la perspectiva de la buena administración es notoria, ya que permite corregir situaciones injustas para el ciudadano, en las que el sector público no haya actuado debidamente, tanto desde la perspectiva jurídica, como desde la ética, y que permite incorporar a la actividad administrativa unos valores que trascienden las meras exigencias derivadas del principio de legalidad. En ese aspecto, es especialmente de utilidad la consideración de la buena administración, como principio general del Derecho administrativo, pues éste impone que las

Administraciones públicas actúen con la debida diligencia en su actividad, e incluso traten de favorecer los intereses de la ciudadanía al diseñar políticas públicas, más allá de lo que les viene impuesto por el principio de legalidad. Sin embargo, el verdadero reto reside en dotar de efectividad a aquellas facetas de la buena administración que aún no tienen un apoyo concreto en la ley. Tal es el caso del contenido material de la responsabilidad social de las Administraciones públicas o de una forma de proceder del sector público ajustado a la ética pública al relacionarse con el ciudadano. La buena administración permite someter al control judicial las actividades y las políticas públicas alejadas de la responsabilidad social y de la ética pública, pero con un menor grado de intensidad de lo que permite controlar en otros ámbitos cuando, de forma clara, un derecho fundamental o un derecho subjetivo se han visto transgredidos. En estos casos, el principio de la buena administración permite revisar, hasta cierto punto, la diligencia debida de las Administraciones públicas y la coherencia de sus políticas de gestión con el interés de la ciudadanía, mediante el control de la discrecionalidad aplicada, donde la observancia del principio de buena administración es un elemento a valorar.

Por su parte, y en lo que la buena administración se vincula a la ética pública en sus dos dimensiones, la de buen gobierno y la de conducta ética de los funcionarios y autoridades en el ejercicio de sus funciones que se reflejan en los Códigos de Buen Gobierno y los Códigos de conducta, se puede afirmar que la efectividad de este principio es diversa, no pudiendo mantenerse que los dos tipos de códigos, en toda su extensión, tengan la misma eficacia jurídica y capacidad de *enforcement*. Una eficacia jurídica más elevada se alcanza en relación con gran parte de los principios y criterios de conducta de carácter ético, a través de la ley, no por su inclusión en los códigos éticos. En este sentido, ya se ha alcanzado un alto grado de exigibilidad respecto de dicha dimensión ética de la actividad y actuación administrativa, al incluirse en muchos casos un régimen disciplinario u otros tipos de control judicial o, incluso, constitucional.

Sin embargo, como se ha apuntado, en la evolución actual del Derecho administrativo, en el mismo se ha dado cabida a los valores de la sostenibilidad, en la extensión que le dan los ODS, y en su vinculación con la responsabilidad social de los entes públicos, e incluyendo, en todo caso, la buena administración como valor específico de sostenibilidad en el ámbito de la gobernanza, a través del ODS-16. Los valores que implican la persecución activa de los aspectos de la sostenibilidad económica, social, medioambiental y de gobernanza, son una meta de la buena administración a través de la transparencia y la responsabilidad social pública, estando la faceta de la sostenibilidad en la gobernanza identificada con los valores clásicos del buen gobierno, que es un concepto diferente al de buena administración, porque descansa más sobre una idea política que jurídica, pero que indudablemente está conectado con la buena administración, al menos, en su aspecto finalista. El resto de facetas de la sostenibilidad tienen un estrecho vínculo con el diseño de políticas públicas, que también forma parte de las relaciones del ciudadano con las Administraciones públicas, y pueden corregirse desde la perspectiva de la buena administración, como se ha indicado antes, pero también se deben contemplar desde la perspectiva del buen gobierno. Los códigos éticos adolecen de la ausencia de mención de cómo se debe valorar o, en su caso, sancionar la falta de proximidad a tales valores en las políticas públicas, y en la conducta de funcionarios y autoridades, y ello, a pesar de que la ética pública los incluye como objetivo en la actualidad. Por el momento, mientras los códigos éticos no incluyan este aspecto, la eficacia de los mismos, basada en el sistema de sanciones actual, es insuficiente para dar completa cobertura a lo que entendemos como ética pública, a través de la responsabilidad social, concepto con el que guarda especial vinculación e identidad. A pesar de todo, en la medida en que existe coincidencia del contenido de dichos códigos éticos con algún derecho legalmente reconocido como parte de la buena administración, las posibilidades de su control y exigibilidad son completas, tanto en vía administrativa, como judicial e incluso pudiendo acceder a las vías que protegen derechos fundamentales. Pero la protección es indirecta en estos casos.

Teniendo en cuenta que el concepto de buena administración ha alcanzado un rápido desarrollo en las últimas dos décadas, y que su relevancia es estructural y esencial en el derecho administrativo actual, las perspectivas de su evolución futura auguran que todavía se desarrolle más, siendo deseable que al alcanzar mayor relevancia, también se abran vías de acceso al control judicial en aquellos casos en los que, el acceso a la justicia contencioso-administrativa aún no es posible por tratarse de aspectos integrados en la buena administración pero que, en el momento actual, sólo garantiza la ética pública.

En todo caso, lo que se puede afirmar con rotundidad es que la buena administración es un concepto que ha ganado autonomía y relevancia conceptual en las últimas dos décadas, hasta el punto de considerarlo como un elemento estructural y esencial del Derecho administrativo moderno, que tiene la versatilidad de poderse configurar como derecho fundamental con cierto contenido y en determinado ámbito jurídico, como elenco de derechos subjetivos, sobre todo en relación con el debido procedimiento administrativo o conjunto de garantías procedimentales con las que cuenta el ciudadano en sus relaciones con la Administración, o como principio general del Derecho administrativo aplicable a toda la actividad administrativa y en toda su extensión. La buena administración en cualquiera de sus facetas tiene la virtualidad de permitir el control de la discrecionalidad administrativa tanto en relación con aspectos basados en el principio de legalidad, como más allá, también en aspectos basados en conductas diligentes, socialmente responsables y éticas, que trascienden los requerimientos del principio de legalidad y que, de algún modo, son reflejo de la vinculación negativa de las Administraciones públicas a la ley, de forma que se consolida el criterio de que las Administraciones públicas, no sólo deben cumplir la ley, sino también realizar todo aquello que la ley no les prohíbe, siempre que redunde en algún beneficio para el ciudadano. Es por ello que, en el moderno Derecho administrativo, el ciudadano es el eje del Derecho administrativo, y son los elementos cuyo auge se ha incrementado en las últimas dos décadas, los que han permitido que ello sea así, quedando incluidos en este ámbito, los valores de confianza legítima, ética pública, responsabilidad social, transparencia y buena administración, que son valores entre los que existe una indiscutible relación sinérgica. Esto, no obstante, desde el punto de vista normativo, no se contempla la especial relación que existe entre todos ellos, y muy especialmente, no se regula la relación entre transparencia y buena administración, siendo realmente ambos, dos principios jurídicos (y mucho más) que no pueden entenderse el uno sin el otro.

Todo ello nos permite concluir, haciendo una reflexión sobre las posibilidades de su regulación conjunta o, más bien, haciendo una propuesta para la regulación futura de la buena administración, la cual debería incluir sistemáticamente cada uno de los aspectos referidos en la presente obra y, muy especialmente, debería contemplar normativamente la relevancia que, para ella, tiene la transparencia administrativa, dándole cabida en ella o aplicando la técnica de la remisión normativa tras regular la relación jurídica existente entre ambas.

Bibliografía

ABBOT, K.W. y SNIDAL, D., "Hard and Soft Law in International Governance", en *International Organization* nº 54-3, Summer, The IO Foundation and the Massachusetts Institute of Technology, 2000, pp. 421-456.

ABRAMOVICH. V. y COURTIS, C., *Los derechos sociales como derechos exigibles,* Editorial Trotta, Madrid, 2002, 255 pp.

ACED FÉLEZ, E., *Protección de Datos y e-Administración,* Agencia de Protección de Datos de la Comunidad de Madrid, Madrid, 2008.

ACOSTA, P., "El interés general como principio inspirador de las políticas públicas, Estudios y comentarios INAP", *Instituto Nacional de Administración Pública,* 2016.

ADDINK, G.H., "Three legal dimensions of good governance. Some recent developments", *Buen gobierno y derechos humanos,* Instituto de Democracia y Derechos Humanos de la Pontificia Universidad Católica del Perú, Lima, 2014.

AGENCIA ESPAÑOLA DE PROTECCIÓN DE DATOS, *Informe respondiendo a la consulta sobre el cumplimiento del Reglamento (UE) 2016/679 del Parlamento Europeo y del Consejo de 27 de abril de 2016,* Agencia Española de Protección de Datos, España, 2018.

AGUILAR CAVALLO, G., "Derechos Fundamentales-Derechos Humanos. ¿Una distinción válida en el siglo XXI?, en *Boletín Mexicano de Derecho Comparado, número 127,* 2010.

ALARCÓN GARCÍA, G., "El soft law y nuestro sistema de fuentes", en BÁEZ MORENO A. *et alii* (coords.) *Libro-Homenaje del profesor Álvaro Rodríguez Bereijo,* Vol. 1, Tomo I, Navarra, Aranzadi, 2010, pp. 271-298.

ALFONSO SÁNCHEZ, R., "Responsabilidad social y administración pública", *Diario La Ley,* Nº 7917, 2012.

ALLI ARANGUREN, J.C., "El control y la transparencia administrativa, medios contra la corrupción", en ARENILLA SAEZ, M. (Coord.), *La Administración Pública entre dos siglos,* Instituto Nacional de Administración Pública, Madrid, 2010.

ARANGO RIVADENERIRA, R., "Derechos sociales", en FABRA ZAMORA, J. L. y NÚÑEZ VAQUERO, A., *Enciclopedia de filosofía y teoría del derecho,* Vol. 2, 2015.

ARENA, G., "La transparencia administrativa", *Documentación Administrativa / n.° 248-249 (mayo-diciembre 1997),* Instituto Nacional de Administración Pública, Madrid, 1997.

ARROYO JIMÉNEZ, L. (2019), "Derecho administrativo y Constitución española", *Revista de Administración Pública,* 209, mayo-agosto, pp. 145-174.

ÁVILA RODRÍGUEZ, C.M., "El derecho ciudadano a una Buena Administración", en Gutiérrez Rodríguez F.J. (Dir.), *El derecho de la ciudadanía a una Buena Administración. La Administración Electrónica,* Diputación de Málaga, Málaga, 2009.

BALLBÉ, M., "El futuro del derecho administrativo en la globalización: entre la americanización y la europeización", *Revista de Administración Pública,* núm. 174, Madrid, septiembre-diciembre, 2007.

BARRERO ORTEGA, A., "Derechos sociales y descentralización política", *Lex social: revista de los derechos sociales,* Vol. 3, Nº. 1-2013.

BELAÍDEZ ROJO, M., "La vinculación de la Administración al derecho", en *Revista de Administración Pública,* núm 153, pp. 315-349.

BELANDO GARÍN, B., "La mediación administrativa desde la perspectiva de los letrados", *Anuario de justicia alternativa,* Nº. 13, 2015.

BEZZI, O., "Democracia, corrupción y control", en ESPINOZA MOLLA M.R. – RIZZI G. (Coords.) *Ética pública y sistemas de responsabilidad del Estado y del agente público.* Ed. La Plata, Universidad Nacional de La Plata, 2017.

BLASCO DÍAZ, J.L., "El código de comportamiento de los empleados públicos italianos de 28 de noviembre de 2000". *Revista de Administración Pública,* Nº 158, Mayo-Agosto, 2002, pp. 431-448.

BUSTAMANTE DOMAS, J., "Hacia la cuarta generación de Derechos Humanos: repensando la condición humana en la sociedad tecnológica", en *Revista Interamericana de Ciencia, Tecnología, Sociedad e Innovación, Año 2001, Número 1. Dedicado a: La sociedad de la información,* editado por la Organización de Estados Iberoamericanos para la Educación, la Ciencia y la Cultura, OEI, 2001.

CALVO ROJAS, E., "Algunas consideraciones sobre el procedimiento sancionador en el ámbito de la protección de datos personales", *Cuadernos de Derecho Público, núms. 19-20 (mayo-diciembre 2003),* Instituto Nacional de Administración Pública, Madrid, 2003.

CAMPOS ACUÑA, C., *Comentarios a la Ley 39/2015 de procedimiento administrativo común, de las administraciones públicas*, Wolters Kluwer, Madrid, 2017, 908 pp.

CANALES ALIENDE, J.M., "Algunas reflexiones sobre la Transparencia y el Buen Gobierno, en CANALES ALIENDE y MARTINEZ MOSCOSO (Coords.), *El Buen Gobierno desde la perspectiva Iberoamericana. Un especial análisis del caso Ecuatoriano,* Universidad de Castilla-la Mancha, Cuenca, 2014.

CANALS AMETLLER, D., "El sistema administrativo de control interno y de supervisión de la contratación pública", *Revista Galega de Administración Pública (REGAP),* Núm. 55, 2018, pp. 409-446.

CANALS ATMELLER, D., "El ejercicio de potestades administrativas por operadores privados en régimen de mercado", en GAMERO CASADO E. (Dir.) *La potestad administrativa, concepto y alcance práctico de un criterio clave para la aplicación del Derecho administrativo,* Tirant lo Blanch, Valencia, 2021, pp. 231-276.

CARMONA y CHOUSSAT, J.F., *El Defensor del Pueblo Europeo,* Ministerio de Administraciones Públicas, Instituto Nacional De Administración Pública, Madrid, 2000.

CARRILLO DONAIRE, J.A, "Buena administración, ¿un principio, un mandato, o un derecho subjetivo?", en SANTAMARÍA PASTOR, J.A. (Dir.) *Los principios jurídicos del Derecho administrativo,* La Ley, Madrid, 2010.

CARRO FERNÁNDEZ-VALMAYOR, J. L., "Ética pública y normativa administrativa", *Revista de Administración Pública,* nº. 181, Madrid, enero-abril, 2010.

CASARES MARCOS, A.B., "Responsabilidad social, transparencia y sostenibilidad del sistema universitario español", *Revista Aragonesa de Administración Pública,* núm. 45-46, Zaragoza, 2015.

CASSESE, S., "Il diritto a la buona amministrazione", *European Review of Public Law,* Vol. 21, N° 3, otoño, 2009.

CAZURRO BARAHONA, V., "La protección de datos y los medios de comunicación", *Revista Jurídica de Castilla y León, n.º 16, septiembre 2008,* Junta de Castilla y León, León, 2008.

CENTRO LATINOAMERICANO DE ADMINISTRACIÓN PARA EL DESARROLLO, CLAD. *Carta Iberoamericana de Derechos y Deberes de los ciudadanos ante la Administración Pública,* 2013.

CERVERA NAVAS, L., "El modelo europeo de protección de datos de carácter personal", *Cuadernos de Derecho Público, núms. 19-20 (mayo-diciembre 2003),* Instituto Nacional de Administración Pública, Madrid, 2003.

CHICHARRO A., "El carácter de *soft law* de los instrumentos internacionales sobre desarrollo sostenible" en DOMÍNGUEZ MARTÍN R. TEZANOS VÁZQUEZ S. (Eds.), *Desafíos de los Estudios del Desarrollo: Actas del I Congreso Internacional de Estudios del Desarrollo,* Red Española de Estudios del Desarrollo, 2013.

CLAD, *Carta Iberoamericana de Derechos y Deberes de los ciudadanos ante la Administración Pública,* Preámbulo, 2013.

COMISIÓN EUROPEA, *Libro Verde: Fomentar un marco europeo para la responsabilidad social de las empresas,* COM(2001) 366 final, número 6.

CORTINA, A., *Hasta un pueblo de demonios.* Editorial Taurus, Madrid, 1998.

COVIELLO, P.J.J., "Reflexiones sobre la Ética pública", en ESPINOZA MOLLA, M. R. y RIZZI, G. (Coords.) *Ética pública y sistemas de responsabilidad del Estado y del agente público,* Ed. La Plata, Universidad Nacional de La Plata, 2017.

CUETO CEDILLO, C. y DE LA CUESTA GONZÁLEZ, M., *La Administración Pública de la responsabilidad social corporativa,* Editorial Área de Innovación y Desarrollo, S.L., UNED, 2019.

DEFENSOR DEL PUEBLO DE LA UNIÓN EUROPEA, *Informe anual de 2020,* 2021, Disponible en: https://www.ombudsman.europa.eu/es/publication/es/141317.

DEFENSOR DEL PUEBLO EUROPEO, *El Código Europeo de Buena Conducta Administrativa,* –versión actualizada de 2015-, Unión Europea, Estrasburgo, 2015.

DEFENSOR DEL PUEBLO EUROPEO, *El Código Europeo de Buena Conducta Administrativa,* –versión actualizada de 2015-, Unión Europea, 2015, Estrasburgo.

DEFENSOR DEL PUEBLO EUROPEO, *Informe anual de actividades 1997* del Defensor del Pueblo europeo, C4-0270/98, de 20 de abril de 1998.

DEFENSOR DEL PUEBLO, *La buena administración en la práctica: decisiones del Defensor del Pueblo Europeo durante 2013,* Unión Europea, Bruselas, 2014.

DÍAZ CREGO, M., "Derechos sociales y amparo constitucional", *Revista Vasca de Administración Pública. Herri-Arduralaritzako Euskal Aldizkaria,* Nº 94, 2012.

DIEGO BAUTISTA, O., "Los códigos éticos en el marco de las administraciones públicas contemporáneas. Valores para un buen gobierno", *Revista de las Cortes Generales,* (65), 2005.

DIEZ SASTRE, S., *El precedente administrativo: fundamentos y eficacia vinculante,* Marcial Pons, 2008.

FERNÁNDEZ RAMOS, S., "Acceso a la información pública versus protección de datos personales", *Revista española de Derecho Administrativo,* núm. 184, 2017.

FERNÁNDEZ RODRÍGUEZ, T.R., *La nulidad de los actos administrativos,* Ed. OLejnik, Santiago de Chile, 2019.

FUENTETAJA PASTOR, J.A., "Del «derecho a la buena administración» al derecho de la Administración europea", *Cuadernos Europeos de Deusto,* num. 51, 2014, Bilbao, pp. 19-43.

GAMERO CASADO, E., "El régimen de notificaciones: la dirección electrónica vial (DEV) y el tablón edictal de sanciones de tráfico (TESTA)", *DA, Revista de Documentación Administrativa nº 284-285, mayo-diciembre 2009,* Instituto Nacional de Administración Pública, Madrid, 2009.

GARCÍA COSTA, J.M., "Delimitación conceptual del principio de objetividad: objetividad, neutralidad e imparcialidad", en *Documentación Administrativa. Número 289,* Editado por Instituto Nacional de Administración Pública, Madrid, 2011.

GARCIA DE ENTERRÍA, E. y FERNÁNDEZ RODRÍGUEZ, T.R., *Curso de Derecho Administrativo,* vol. I, 16ª edición, Civitas.

GARCÍA DE ENTERRÍA, E., *Democracia, Ley e inmunidades de poder,* Ed. Aranzadi, Cizur Menor, 2011.

GARCÍA DE ENTERRÍA, E., "La lucha contra las inmunidades del poder en el derecho administrativo (poderes discrecionales, poderes de gobierno, poderes normativos)", *Revista de Administración Pública,* 38, 1962, disponible en: http://www.cepc.gob.es/publicaciones/revistas/revistaselectronicas?IDR=1&IDN=38&I DA=22227

GARCÍA DE ENTERRÍA, E. y FERNÁNDEZ RODRÍGUEZ, T.R., *Curso de Derecho Administrativo I,* Ed. Civitas, Madrid, 2013.

GARCÍA DE ENTERRÍA, E., *Democracia, jueces, y control de la Administración,* Ed. Civitas, Madrid, 1996.

GARCÍA MEXÍA, P., "La ética pública. Perspectivas actuales". *Revista de Estudios Políticos*, núm. 114, octubre-diciembre, 2001.

GARRIDO FALLA, F., *Tratado de Derecho Administrativo*, Volumen I, Parte General, 10ª Edición. Madrid, Tecnos, 1987.

GIL SÁNCHEZ, G., "La definición europea de la responsabilidad social de las empresas y su insensibilidad hacia la justicia de género", *Lan Harremanak*/28, 2013-I.

GIMENO FELIU, J.M., "La transposición de las directivas de contratación pública en España: una primera valoración de sus principales novedades", *Documentación Administrativa, Nueva Época – Nº 4, Enero-Diciembre 2017*, Instituto Nacional de Administración Pública, Madrid, 2017.

GIMENO FELIU, J.M., "Integridad y transparencia en la contratación pública. De las ideas a la acción", en VILLORIA MENDIETA Manuel (Coord.), *Ética pública en el siglo XXI*, Instituto nacional de Administración pública, Madrid, 2021.

GONZÁLEZ-JULIANA, A., "La transparencia como instrumento de control ciudadano sobre las funciones administrativas ejercidas por particulares en Cataluña", *Revista digital de Derecho Administrativo*, Universidad Externado de Colombia, n.º 32, 2024, pp. 147-170, doi: https://doi.org/10.18601/21452946.n32.07.

GORDILLO PÉREZ, L. I., "Derechos Sociales y Austeridad", *Lex social: revista de los derechos sociales*, Vol. 4, Nº. 1, 2014.

GUASCH PORTAS, V., y SOLER FUENSANTA, J.R., "El interés legítimo en la protección de datos", *Revista de Derecho UNED, núm. 16*, Universidad Nacional de Estudios a Distancia, Madrid, 2015.

GUICHOT REINA, E., "Acceso a la información en poder de la Administración y protección de datos personales", en *Revista de Administración Pública, núm. 173*, Ed. Instituto Nacional de Administración Pública, Madrid, 2007.

GUICHOT REINA, E., "Derecho de acceso a la información pública", en GAMERO CASADO, E. (dir.), *Tratado de procedimiento administrativo común y régimen jurídico básico del sector público*, Tirant lo Blanch, Valencia, 2017, pp. 533-580.

HERNÁNDEZ RAMOS, M., "Incumplimiento de la buena administración de justicia del tribunal constitucional en la admisión del recurso de amparo. El caso arribas Antón vs. España del TEDH", *Revista Española de Derecho Constitucional*, 108, 2016, 307-335. doi: http://dx.doi.org/10.18042/cepc/redc.108.10.

HERREROS LÓPEZ, J. M., "La justiciabilidad de los derechos sociales", *Lex social: revista de los derechos sociales* núm. 1-2011, julio-diciembre 2011.

HUBER, H., "Niedergang des Rechts und Krise des Rechtsstaat", en *Festgabe für Z. Giacometti*, Zürich, 1953.

IRURZUN MONTORO, F., "Ética y responsabilidad en la administración pública". *DA. Revista Documentación Administrativa* nº 286-287, enero-agosto, 2010.

JEGOUZO I., "El derecho a la transparencia administrativa: el acceso de los administrados a los documentos administrativos", *Documentación Administrativa / n.° 239 (julio-septiembre 1994),* Instituto Nacional de Administración Pública, Madrid, 1994.

LARA ORTIZ, M.L., "Las garantías de los procedimientos administrativos de extranjería", en FERNÁNDEZ CABRERA, M. y FERNÁNDEZ DÍAZ, C.R. (Dir.), *Retos del Estado de Derecho en materia de inmigración y terrorismo,* Ed. Iustel, Madrid, 2022, pp. 313-330.

LINARES, P., "La transición energética", *Ambienta: La revista del Ministerio de Medio Ambiente,* Nº. 125, 2018, pp. 20-31.

MANNY, C., "La intimidad de la Unión Europea y la seguridad de los Estados Unidos: la tensión entre la ley europea de protección de datos y los esfuerzos por parte de los Estados Unidos por utilizar los datos sobre pasajeros aéreos para luchar contra el terrorismo y otros delitos", *Cuadernos de Derecho Público, núms. 19-20 (mayo-diciembre 2003),* Instituto Nacional de Administración Pública, Madrid, 2003.

MARTÍN Y PÉREZ DE NANCLARES, J., *La protección de los derechos sociales en la unión europea: sobre el papel cuasiconstitucional del Tribunal de Justicia. Instituto de investigaciones jurídicas de México,* México.

MARTINEZ GUTIERREZ, R., "Relaciones interadministrativas por medios electrónicos. Interoperabilidad", en GAMERO CASADO, E. (Dir.), *Tratado de procedimiento administrativo común y régimen jurídico básico del sector público,* Tirant lo Blanch, Valencia, 2017, 2932 pp.

MARTÍNEZ MARÍN, A., *El buen funcionamiento de los servicios públicos, los principios de continuidad y de regularidad,* Tecnos, Madrid, 1990, 149 pp.

MARTÍN-RETORTILLO BAQUER, L., *Vías concurrentes para la protección de los derechos humanos,* editado por Thomson Reuters-Civitas, Navarra, 2006.

MATILLA CORREA, A., *La buena administración como noción jurídico-administrativa,* Dykinson, Madrid, 2020, 327 pp.

MAZUELOS BELLIDO, A., "Soft law: ¿Mucho ruido y pocas nueces?". *Revista Electrónica de Estudios Internacionales* nº 8, 2004, disponible en www.reei.org.

MEILÁN GIL, J.L., "La buena administración como institución jurídica", *Revista Andaluza de Administración Pública,* núm. 87, Sevilla, septiembre-diciembre, 2013, pp. 13-50.

MELLADO RUIZ, L. Principio de buena administración y aplicación indirecta del Derecho Comunitario: instrumentos de garantía frente a la „comunitarización" de los procedimientos. *Revista española de derecho europeo,* Nº. 27, 2008.

MIR, HOFMANN, SCHNEIDER, y ZILLER (Dirs.), *Código ReNEUAL de procedimiento administrativo de la Unión Europea* / dirigido por Oriol Mir, 1ª ed., Madrid, Instituto Nacional de Administración Pública, 2015, 354 pp.

MORENO, J.M., "El Acuerdo de París, un primer paso". *La Revista del Ministerio de Medio Ambiente,* Nº. 114 (Ejemplar dedicado a: Acuerdo de París sobre cambio climático), 2016.

MUÑOZ MACHADO, S., *Tratado de Derecho administrativo y Derecho público general,* Agencia Estatal Boletín Oficial Del Estado Madrid, 2017.

NACIONES UNIDAS, Informe *Our common future* de la Comisión Mundial de Medio Ambiente y Desarrollo de Naciones Unidas, nº 27, 1987, disponible en: https://www.are.admin.ch/are/en/home/media/publications/sustainable-development/brundtland-report.html

NACIONES UNIDAS, *La Asamblea General adopta la Agenda 2030 para el Desarrollo Sostenible,* 2015, disponible en https://www.un.org/sustainabledevelopment/es/2015/09/la-asamblea-general-adopta-la-agenda-2030-para-el-desarrollo-sostenible/.

NACIONES UNIDAS, *Acuerdo de París,* 2015, disponible en: https://unfccc.int/files/essential_background/convention/application/pdf/spanish_paris_agreement.pdf

NACIONES UNIDAS, *Objetivos y metas de desarrollo sostenible: 17 objetivos para transformar nuestro mundo,* 2021, disponible en https://www.un.org/sustainabledevelopment/es/sustainable-development-goals/

NAVA ESCUDERO, C., *Estudios ambientales,* 3a. ed., México, Instituto de investigaciones jurídicas de la UNAM, 2018.

NAVARRO GONZÁLEZ, R., "La atribución de las potestades administrativas", en GAMERO CASADO. E. (Dir.) *La potestad administrativa, concepto y alcance práctico de un criterio clave para la aplicación del Derecho administrativo,* Tirant lo Blanch, Valencia, 2021, pp. 231-276.

NAVARRO GONZÁLEZ, R., "La motivación de los actos administrativos", GAMERO CASADO, E., *Tratado de procedimiento administrativo común y régimen jurídico básico del sector público,* Tirant lo Blanch, Valencia, 2017, pp. 1802-1848.

NOGUEIRA LÓPEZ, A., "El principio de economía procesal", en SANTAMARÍA PÁSTOR, J. A. (Dir.), *Los principios jurídicos del Derecho Administrativo,* La Ley, Madrid, 2010.

NÚÑEZ, G., *La responsabilidad social corporativa en el marco del desarrollo sostenible,* Naciones Unidas, Comisión Económica para América Latina y el Caribe (CEPAL), Santiago de Chile, 2003.

OLLERO TASSARA, A., *Responsabilidades políticas y razón de Estado, Fundación para el análisis y los estudios sociales,* 1996, p. 15. Citado en COVIELLO, P.J.J., "Reflexiones sobre la Ética pública", en ESPINOZA MOLLA, M.R. y RIZZI, G. (Coords.) *Ética pública y sistemas de responsabilidad del Estado y del agente público.* Ed. La Plata, Universidad Nacional de La Plata, 2017.

ORTEGA CARBALLO, C., "Los Registros administrativos como instrumentos de publicidad y transparencia en la gestión de la contratación pública", *Documentación Administrativa / núm. 274-275 (enero-agosto 2006),* Instituto Nacional de Administración Pública, Madrid, 2006.

PECES-BARBA MARTINEZ, G., "Ética pública-ética privada", *Anuario de filosofía del derecho XIV,* 1997.

PEREIRO CÁRCELES, M., "La utilización del blockchain en los procedimientos de concurrencia competitiva", *Revista General de Derecho Administrativo, dentro del análisis monográfico "Derecho Público, derechos y transparencia ante el uso de algoritmos, inteligencia artificial y big data"* (Coordinado por BOIX PALOP, A. y COTINO HUESO, L.), nº 50, Iustel, Madrid, 2019.

PÉREZ LUÑO, A.E., *Los derechos fundamentales,* Tecnos, Madrid, 1993.

PÉREZ LUÑO, A.E., *Los derechos fundamentales,* Tecnos, Madrid, 2005.

PIÑAR MAÑAS, J.L., "El derecho a la protección de datos de carácter personal en la jurisprudencia del Tribunal de Justicia de las Comunidades Europeas", *Cuadernos de Derecho Público, núms. 19-20 (mayo-diciembre 2003),* Instituto Nacional de Administración Pública, Madrid, 2003.

PIÑAR MAÑAS, J.L. (dir.), *Transparencia, acceso a la información y protección de datos*, Ed. Reus, Madrid, 2014.

PONCE SOLÉ, J., "El control judicial del procedimiento administrativo y la garantía del derecho a una buena administración", *Revista de Derecho Administrativo*, nº 9, 2010, pp. 77-94.

PONCE SOLÉ, J., "La discrecionalidad no puede ser arbitrariedad y debe ser buena administración", *Revista española de derecho administrativo*, Nº 175, 2016, pp. 57-84.

PONCE SOLÉ, J., "Reforma constitucional y derechos sociales: la necesidad de un nuevo paradigma en el derecho público español". *Revista Española de Derecho Constitucional*, nº 111, 2017. doi: https://doi.org/10.18042/cepc/redc.111.03.

PONCE SOLÉ, J. "El derecho a una buena administración y el derecho administrativo iberoamericano del siglo XXI. Buen gobierno y derecho a una buena administración contra arbitrariedad y corrupción", en ALONSO REGUEIRA, E.M. (dir.), *El control de la Actividad Estatal I, Discrecionalidad, División de Poderes y Control Extrajudicial*, Asociación de Docentes de la Facultad de Derecho y Ciencias Sociales de la Universidad de Buenos Aires, Ciudad Autónoma de Buenos Aires, 2016.

PONCE SOLÉ, J., "Ciencias sociales, Derecho Administrativo y buena gestión pública. De la lucha contra las inmunidades del poder a la batalla por un buen gobierno y una buena administración mediante un diálogo fructífero", en *Gestión y Análisis de Políticas Públicas, Nueva Época*, nº 11 (enero-junio 2014), Ed. INAP, Madrid, 2014.

PONCE SOLÉ, J., "El derecho a una buena administración y el derecho administrativo iberoamericano del siglo XXI. Buen gobierno y derecho a una buena administración contra arbitrariedad y corrupción", VI Congreso Internacional GIGAPP IUIOG y en el XX congreso del CLAD y *Revista Española de Derecho Administrativo*, n° 173, 2016.

PONCE SOLÉ, J., "El derecho a una buena administración y el derecho administrativo iberoamericano del siglo XXI. Buen gobierno y derecho a una buena administración contra arbitrariedad y corrupción", *El control de la actividad estatal, Discrecionalidad, División de Poderes y Control Extrajudicial*, ALONSO REGUEIRA, E.M. (Dir.), Asociación de Docentes Facultad de Derecho y Ciencias Sociales Universidad de Buenos Aires, Buenos Aires.

PONCE SOLÉ, J., "Good administration and administrative procedures". *Ind. J. Global Legal Stud.*, núm. 12, 2005.

PONCE SOLÉ, J., "Los jueces, el derecho a una buena administración y las leyes de transparencia y buen gobierno, Documento presentado en el *VII Congreso Internacional en Gobierno, Administración y Políticas Públicas GIGAPP,* Madrid, España, del 3 al 5 de octubre de 2016. Disponible en https://laadministracionaldia.inap.es/noticia.asp?id=1507021

PONCE SOLÉ, J., "Los jueces, el derecho a una buena administración y las leyes de transparencia y buen gobierno", Documento presentado en el *VII Congreso Internacional en Gobierno, Administración y Políticas Públicas GIGAPP,* Madrid, España, del 3 al 5 de octubre de 2016. Disponible en https://laadministracionaldia.inap.es/noticia.asp?id=1507021

PONCE SOLE, J., "Procedimiento administrativo, globalización y buena administración", *Derecho administrativo,* suplemento de jurisprudencia, 2008.

PONCE SOLE, J., "Mecanismos de resolución alternativa de conflictos y su aplicación en el ámbito de la administración tributaria", en LÓPEZ RAMÓN, F. (dir.) *Las vías administrativas de recurso a debate: actas del XI Congreso de la Asociación Española de Profesores de Derecho Administrativo,* INAP, Madrid, 2016, pp. 204-232.

RALLO LOMBARTE, A., "Los derechos de los ciudadanos europeos", *Cuadernos de la Cátedra Fadrique Furió Ceriol,* núm. 5, Valencia, 1993.

RAMS RAMOS, L., "El Derecho Fundamental a la protección de datos de carácter personal como límite ¿(in)franqueable? Para la transparencia administrativa, *Estudios de Deusto* 66, nº 2, 2018.

REY PÉREZ, J.L., "El futuro de los derechos sociales. Miscelánea Comillas". *Revista de Ciencias Humanas y Sociales,* Vol. 67, Nº 130 (Ejemplar dedicado a: Los Derechos Humanos, un reto permanente), 2009.

RIBAGORDA GARNACHO, A., "La protección de datos personales y la seguridad de la información", *Revista Jurídica de Castilla y León, n.º 16, septiembre 2008,* Junta de Castilla y León, León, 2008.

RODARTE LEDEZMA, L.E., "Efectividad de los derechos sociales en España", *Revista Latinoamericana de Derecho Social,* Nº. 31, 2020.

RODOTÀ, S., "Democracia y protección de datos", *Cuadernos de Derecho Público, núms. 19-20 (mayo-diciembre 2003),* Instituto Nacional de Administración Pública, Madrid, 2003.

RODRIGUEZ ÁLVAREZ, J.L., "Transparencia y protección de datos personales: criterios legales de conciliación", en CANALS AMETLLER (ed.), *Datos, Protección, Transparencia y Buena Regulación,* ed. Documenta, 2016.

RODRÍGUEZ-ARANA MUÑOZ, J., *El buen gobierno y la buena administración de instituciones públicas,* Thomson Reuters-Aranzadi, Cizur Menor, 2006.

RODRIGUEZ-ARANA MUÑOZ, J., "El derecho a la buena administración en las relaciones entre ciudadanos y administración pública", *AFDUC* 16, 2012, pp. 247-273.

RODRIGUEZ-ARANA MUÑOZ J., "El derecho fundamental de la persona a la buena administración (principios y derechos integrantes)", *Revista Electrónica de Derecho Administrativo Venezolano* N° 11/2017.

RODRÍGUEZ-ARANA MUÑOZ, J., "Ética pública y buena administración", *XXII Congreso Internacional del CLAD sobre la Reforma del Estado y de la Administración Pública,* Madrid, España, 14 - 17 nov. 2017, 2017.

RODRIGUEZ-ARANA MUÑOZ, J., "El derecho fundamental de la persona a la buena Administración (principios y derechos integrantes)". *Revista Electrónica de Derecho Administrativo Venezolano* N° 11/2017, 2017.

RODRIGUEZ-ARANA MUÑOZ, J., *Principios de ética pública,* Montecorvo, Madrid, 1993.

ROMERO PÉREZ, J.E., "Reflexiones sobre el buen gobierno", *Revista de Ciencias Jurídicas,* N°. 118, 2009.

RUBIO LLORENTE, F., "Derechos fundamentales, derechos humanos y estado de derecho", en REQUEJO PAGÉS J.L. (coord.) *Fundamentos: Cuadernos monográficos de teoría del estado, derecho público e historia constitucional, Ejemplar dedicado a: La Rebelión de las Leyes,* 2006.

SÁNCHEZ MORÓN, M., *Derecho Administrativo, Parte General,* 16ª edición, Tecnos, Madrid, 2020.

SERRANO ROMERA, A., *Medidas de gobierno corporativo en la sociedad pública local: análisis actual y perspectivas de aplicación,* tesis doctoral Universidad de Granada, 2020.

TOMÁS MALLÉN, B., *El derecho fundamental a una buena administración,* Instituto Nacional de Administración Pública (INAP), Madrid, 2004, 343 pp.

TORNOS MAS, J., "El principio de buena administración o el intento de dotar de alma a la Administración Pública", en *Derechos fundamentales y otros estudios en homenaje al prof. Dr. Lorenzo Martín-Retortillo,* vol. I, Facultad de Derecho Universidad de Zaragoza, Gobierno de Aragón, Zaragoza, 2008, pp. 629-642.

TRONCOSO REIGADA, A., "La protección de datos personales. Una reflexión crítica de la jurisprudencia constitucional", *Cuadernos de Derecho Público, núms. 19-20 (mayo-diciembre 2003),* Instituto Nacional de Administración Pública, Madrid, 2003.

VAQUER CABALLERÍA, M., *La codificación del procedimiento administrativo en España, Estudios y comentarios INAP,* Instituto Nacional de Administración Pública, Madrid, 2016.

VILLORIA MENDIETA, M., "´Presentación", en VILLORIA MENDIETA, M. (Coord.), *Ética pública en el siglo XXI,* Instituto nacional de Administración pública, Madrid, 2021.

VILLORIA MENDIETA M., "Hacia un marco de integridad nacional", en VILLORIA MENDIETA, M. (Coord.), *Ética pública en el siglo XXI,* Instituto Nacional de Administración Pública, Madrid, 2021.

ZAMBONINO PULITO, M., *Buen gobierno y buena administración. Cuestiones claves,* Iustel, Madrid, 2019, 271 pp.